浙江文獻集成

浙江文叢

兩浙清代詞林傳略

費寅輯

浙江古籍出版社

圖書在版編目（CIP）數據

兩浙清代詞林傳略 / 費寅輯. -- 杭州 : 浙江古籍出版社, 2024. 8. -- (浙江文叢). -- ISBN 978-7-5540-3070-7

Ⅰ. K825.6

中國國家版本館CIP數據核字第2024RC3361號

浙江文叢

兩浙清代詞林傳略

費　寅　輯

出版發行　浙江古籍出版社
（杭州市環城北路177號　郵編：310006）
網　　址　http://zjgj.zjcbcm.com
責任編輯　周　密
封面設計　吴思璐
責任校對　吴穎胤
責任印務　樓浩凱
照　　排　浙江大千時代文化傳媒有限公司
印　　刷　浙江新華數碼印務有限公司
開　　本　710 mm × 1000 mm　1/16
印　　張　26.25
字　　數　106千
版　　次　2024年8月第1版
印　　次　2024年8月第1次印刷
書　　號　ISBN 978-7-5540-3070-7
定　　價　200.00圓（精裝）

ISBN 978-7-5540-3070-7
9 787554 030707 >

浙江省文化研究工程指導委員會

主　任　易煉紅

副主任　劉　捷　彭佳學　邱啓文　趙　承
　　　　胡　偉　任少波

成　員　高浩杰　朱衛江　梁　群　來穎杰
　　　　陳柳裕　杜旭亮　陳春雷　尹學群
　　　　吴偉斌　陳廣勝　王四清　郭華巍
　　　　盛世豪　程爲民　高世名　蔡袁强
　　　　蔣雲良　陳　浩　陳　偉　温　暖
　　　　朱重烈　高　屹　何中偉　李躍旗
　　　　吴舜澤

浙江文化研究工程成果文庫總序

習近平

有人將文化比作一條來自老祖宗而又流向未來的河，這是説文化的傳統，通過縱向傳承和橫向傳遞，生生不息地影響和引領着人們的生存與發展；有人説文化是人類的思想、智慧、信仰、情感和生活的載體、方式和方法，這是將文化作爲人們代代相傳的生活方式的整體。我們説，文化爲群體生活提供規範、方式與環境，文化通過傳承爲社會進步發揮基礎作用，文化會促進或制約經濟乃至整個社會的發展。文化的力量，已經深深熔鑄在民族的生命力、創造力和凝聚力之中。

在人類文化演化的進程中，各種文化都在其内部生成衆多的元素、層次與類型，由此決定了文化的多樣性與複雜性。

中國文化的博大精深，來源於其内部生成的多姿多彩；中國文化的歷久彌新，取決於其變遷過程中各種元素、層次、類型在内容和結構上通過碰撞、解構、融合而産生的革故鼎新的强大動力。

中國土地廣袤、疆域遼闊，不同區域間因自然環境、經濟環境、社會環境等諸多方面的差異，建構了不同的區域文化。區域文化如同百川歸海，共同匯聚成中國文化的大傳統，這種大傳統如同春風化雨，滲透於各種區域文化之中。在這個過程中，區域文化如同清溪山泉潺潺不息，在中國文化的共同價值取向下，以自己的獨特個性支撑着、引領着本地經濟社會的發展。

從區域文化入手，對一地文化的歷史與現狀展開全面、系統、扎實、有序的研究，一方面可以藉此梳理和弘揚當地的歷史傳統和文化資源，繁榮和豐富當代的先進文化建設活動，規劃和指導未來的文化發展藍圖，增强文化軟實力，爲全面建設小康社會、加快推進社會主義現代化提供思想保證、精神動力、智力支持和輿論力量；另一方面，這也是深入瞭解中國文化、研究中國文化、發展中國文化、創新中國文化的重要途徑之一。如今，區域文化研究日益受到各地重視，成爲我國文化研究走向深入的一個重要標誌。我們今天實施浙江文化研究工程，其目的和意義也在於此。

千百年來，浙江人民積澱和傳承了一個底蘊深厚的文化傳統。這種文化傳統的獨特性，正在於它令人驚歎的富於創造力的智慧和力量。

浙江文化中富於創造力的基因，早早地出現在其歷史的源頭。在浙江新石器時代最爲著名的跨湖橋、河姆渡、馬家浜和良渚的考古文化中，浙江先民們都以不同凡響的作爲，在中華民族的文明之源留下了創造和進步的印記。

浙江人民在與時俱進的歷史軌跡上一路走來，秉承富於創造力的文化傳統，這深深地融匯在一代代浙江人民的血液中，體現在浙江人民的行爲上，也在浙江歷史上衆多傑出人物身上得到充分展示。從大禹的因勢利導、敬業治水，到勾踐的卧薪嘗膽、勵精圖治；從錢氏的保境安民、納土歸宋，到胡則的爲官一任、造福一方；從岳飛、于謙的精忠報國、清白一生，到方孝孺、張蒼水的剛正不阿、以身殉國；從沈括的博學多識、精研深究，到竺可楨的科學救國、求是一生；無論是陳亮、葉適的經世致用，還是黄宗羲的工商皆本；無論是王充、王陽明的批判、自覺，還是龔自珍、蔡元培的開明、開放，等等，都展示了浙江深厚的文化底蘊，凝聚了浙江人民求真務實的創造精神。

代代相傳的文化創造的作爲和精神，從觀念、態度、行爲方式和價值取向上，孕育、形成和發展了淵源有自的浙江地域文化傳統和與時俱進的浙江文化精神，她滋育着浙江的生命力、催生着浙江的凝聚力、激發着浙江的創造力、培植着浙江的競争力，激勵着浙江人民永不自滿、永不停息，在各個不同的歷史時期不斷地超越自我、創業奮進。

悠久深厚、意韻豐富的浙江文化傳統，是歷史賜予我們的寶貴財富，也是我們開拓未來的豐富資源和不竭動力。黨的十六大以來推進浙江新發展的實踐，使我們越來越深刻地認識到，與國家實施改革開放大政方針相伴隨的浙江經濟社會持續快速健康發展的深層原因，就在於浙江深厚的文化底蘊和文化傳統與當今時代精神的有機結合，就在於發展先進生産力與發展先進文化的有機結合。今後一個時期浙江能否在全面建設小康社會、加快社會主義現代化建設進程中繼續走在前列，很大程度上取決於我們對文化力量的深刻認識、對發展先進文化的高度自覺和對加快建設文化大省的工作力度。我們應該看到，文化的力量最終可以轉化爲物質的力量，文化的軟實力最終可以轉化爲經濟的硬實力。文化要素是綜合競争力的核心要素，文化資源是經濟社會發展的重要資源，文化素質是領導者和勞動者的首要素質。因此，研究浙江文化的歷史與現狀，增强文化軟實力，爲浙江的現代化建設服務，是浙江人民的共同事業，也是浙江各級黨委、政府的重要使命和責任。

二〇〇五年七月召開的中共浙江省委十一届八次全會，作出《關於加快建設文化大省的決定》，提出要從增强先進文化凝聚力、解放和發展生産力、增强社會公共服務能力入手，大力實施文明素質工程、文化精品工程、文化研究工程、文化保護工程、文化産業促進工程、文化陣地工程、文化傳播工程、文化人才工程等『八項工程』，實施科教興國和人才强國戰略，加快建設教育、科技、衛生、體育等『四個强省』。作爲文化建設『八項工程』之一的文化研究工程，其任務就是系統研究浙江文化的歷史成就和當代發展，深入挖掘浙江文化底蘊、研究浙江現象、總結浙江經驗、指導浙江未來的發展。

浙江文化研究工程將重點研究『今、古、人、文』四個方面，即圍繞浙江當代發展問題研究、浙江歷史文化專題研究、浙江名人研究、浙江歷史文獻整理四大板塊，開展系統研究，出版系列叢書。在研究内容上，深入挖掘浙江文化底蘊，系統梳理和分析浙江歷史文化的内部結構、變化規律和地域特色，堅持和發展浙江精神；研究浙江文化與其他地域文化的異同，釐清浙江文化在中國文化中的地位和相互影響的關係；圍繞浙江生動的當代實踐，深入解讀浙江現象，總結浙江經驗，指導浙江發展。在研究力量上，通過課題組織、出版資助、重點研究基地建設、加强省内外大院名校合作、整合各地各部門力量等途徑，形成上下聯動、學界互動的整體合力。在成果運用上，注重研究成果的學術價值和應用價值，充分發揮其認識世界、傳承文明、創新理論、諮政育人、服務社會的重要作用。

我們希望通過實施浙江文化研究工程，努力用浙江歷史教育浙江人民、用浙江文化薰陶浙江人民、用浙江精神鼓舞浙江人民、用浙江經驗引領浙江人民，進一步激發浙江人民的無窮智慧和偉大創造能力，推動浙江實現又快又好發展。

今天，我們踏着來自歷史的河流，受着一方百姓的期許，理應負起使命，至誠奉獻，讓我們的文化綿延不絕，讓我們的創造生生不息。

二〇〇六年五月三十日於杭州

浙江文化研究工程成果文庫序言

易煉紅

國風浩蕩、文脈不絶，錢江潮涌、奔騰不息。浙江是中國古代文明的發祥地之一、是中國革命紅船啓航的地方。從萬年上山、五千年良渚到千年宋韻、百年紅船，歷史文化的風骨神韻、革命精神的剛健激越與現代文明的繁榮興盛，在這裏交相輝映、融爲一體，浙江成爲了揭示中華文明起源的『一把鑰匙』，展現偉大民族精神的『一方重鎮』。

習近平總書記在浙江工作期間作出『八八戰略』這一省域發展全面規劃和頂層設計，把加快建設文化大省作爲『八八戰略』的重要内容，親自推動實施文化建設『八項工程』，構築起了浙江文化建設的『四梁八柱』，推動浙江從文化大省向文化强省跨越發展，率先找到了一條放大人文優勢、推進省域現代化先行的科學路徑。習近平總書記還親自倡導設立『文化研究工程』並擔任指導委員會主任，親自定方向、出題目、提要求、作總序，彰顯了深沉的文化情懷和强烈的歷史擔當。這些年來，浙江始終牢記習近平總書記殷殷囑托，以守護『文獻大邦』、賡續文化根脈的高度自覺，持續推進浙江文化研究工程，接續描繪更加雄渾壯闊、精美絶倫的浙江文化畫卷。堅持激發精神動力，圍繞『今、古、人、文』四大板塊，系統梳理浙江歷史的傳承脈絡，挖掘浙江文化的深厚底藴，研究浙江現象、總結浙江經驗、豐富浙江精神，實施『「八八戰略』理論與實踐研究』等專題，爲浙江幹在實處、走在前列、勇立潮頭提供源源不斷的價值引導力、文化凝聚力、精神推動力。堅持打造精品力作，目前一期、二期工程已經完結，三期工程正在進行中，出版學術著作超過一千七百部，推出了『中國歷代繪畫大系』等一大批有重大影響的成果，持續擦亮陽明文化、和合文化、宋韻文化等金名片，豐富了中華文化寶庫。堅持礪煉精兵强將，鍛造了一支老中青梯次配備、傳承有序、學養深厚的哲學社會科學人才隊伍，培養了一批高水平學科帶頭人，爲擦亮新時代浙江學術品牌提供了堅實智力人才支撑。

文化是民族的靈魂，是維繫國家統一和民族團結的精神紐帶，是民族生命力、創造力和凝聚力的集中體現。在以中國式現代化全面推進强國建設、民族復興偉業的新征程上，習近平文化思想在堅持『兩個結合』中，以『體用貫通、明體達用』的鮮明特質，茹古涵今明大道、博大精深言大義、萃菁取華集大成，鮮明提出我們黨在新時代新的文化使命，推動中華文脈綿延繁盛、中華文明歷久彌新，推動全黨全國各族人民文化自信明顯增强、精神面貌更加奮發昂揚。特別是今年九月，習近平總書記親臨浙江考察，賦予我們『中國式現代化的先行者』的新定位和『奮力譜寫中國式現代化浙江新篇章』的新使命，提出『在建設中華民族現代文明上積極探索』的重要要求，進一步明確了浙江文化建設的時代方位和發展定位。

文明薪火在我們手中傳承，自信力量在我們心中升騰。縱深推進文化研究工程，持續打造一批反映時代特徵、體現浙江特色的精品佳作和扛鼎力作，是浙江學習貫徹習近平文化思想和習近平總書記考察浙江重要講話精神的題中之義，也是浙江一張藍圖繪到底、積極探索闖新路、守正創新强擔當的具體行動。我們將在加快建設高水平文化强省、奮力打造新時代文化高地中，以文化研究工程爲牽引抓手，深耕浙江文化沃土、厚植浙江創新活力，爲創造屬於我們這個時代的新文化貢獻浙江力量。要在循迹溯源中打造鑄魂工程，充分發揮習近平新時代中國特色社會主義思想重要萌發地的資源優勢，深入研究闡釋『八八戰略』的理論意義、實踐意義和時代價值，助力夯實堅定擁護『兩個確立』、堅决做到『兩個維護』的思想根基。要在賡續厚積中打造傳世工程，深入系統梳理浙江文脈的歷史淵源、發展脈絡和基本走向，扎實做好保護傳承利用工作，持續推動優秀傳統文化創造性轉化、創新性發展，讓悠久深厚的文化傳統、源頭活水暢流於當代浙江文化建設實踐。要在開放融通中打造品牌工程，進一步凝煉提升『浙學』品牌，放大杭州亞運會亞殘運會、世界互聯網大會烏鎮峰會、良渚論壇等溢出效應，以更有影響力感染力傳播力的文化標識，展示『詩畫江南、活力浙江』的獨特韻味和萬千氣象。要在引領風尚中打造育德工程，秉持浙江文化精神中藴含的澄懷觀道、現實關切的審美情操，加快培育現代文明素養，讓陽光的、美好的、高尚的思想和行爲在浙江大地化風成俗、蔚然成風。

我們堅信，文化研究工程的縱深推進，必將更好傳承悠久深厚、意藴豐富的浙江文化傳統，進一步弘揚特色鮮明、與時俱進的浙江文化精神，不斷滋育浙江的生命力、催生浙江的凝聚力、激發浙江的創造力、培植浙江的競争力，真正讓文化成爲中國式現代化浙江新篇章中最富魅力、最吸引人、最具辨識度的閃亮標識，在鑄就社會主義文化新輝煌中展現浙江擔當，爲建設中華民族現代文明作出浙江貢獻！

二〇二三年十二月

前言

陳弘毅

《兩浙清代詞林傳略》是一部清代文士人物傳記集。原書各處均無編者題識，上海圖書館古籍目録系統著録爲『（民國）費寅輯』，落款爲『小燕』的題記云『卷中手定皆出海昌費景韓寅手』。費寅（一八六六—一九三二），字景韓，一作晉韓、晉翰，號復齋、自怡居士，浙江海寧人。早年從學於鄉賢蔣學堅、朱昌燕。清光緒十九年（一八九三），指導内侄張宗祥（一八八二—一九六五）讀四書，又受學於潘衍桐、陳鼎，得其經學和算學之指授。光緒二十八年（一九〇二），費寅中舉，任嘉興教諭。辛亥革命（一九一一）後，在嘉興中學堂教數學。又曾任浙江省立圖書館編纂主任，協助南潯嘉業堂編藏書志。後在海寧硤石鎮開設書肆，聚書至四五千册、一萬餘卷，以鄉邦文獻爲主，闢『自怡齋』貯之，惜大多係明清殘刻本。壬申夏，感時疾，年六十七卒。費氏平生交遊廣泛，與王國維、葉昌熾、繆荃孫、陳乃乾、趙萬里、管元耀等相友善。校跋書籍甚多，曾編有《自怡齋殘書目》。著有《復齋先生遺集》四卷，由張宗祥遵照費寅遺命編訂，有一九三四年鐵如意館石印本。其他著述有《兩浙地志論校證》、《海昌藝文志校補》（與管元耀合著）、《敬修堂歷著書目考》等。

《兩浙清代詞林傳略》不分卷，一稱《兩浙清詞林人物傳》，葉十二行二十五字，高十八點九釐米，寬十三釐米，黑格白口，單魚尾，四周單邊。封面題『兩浙清代詞林傳略，涉園稿本，乙未九秋來燕榭藏』；書内鈐有『來燕榭珍藏記』『容家書庫』『上海圖書館藏』等印；書末有兩則題記，落款分别爲『乙未九月十六日夜窗燈下記，小燕』和『乙未九月十九日晨窗記，黄裳』。前後無序跋。書中塗改圈抹的痕跡甚多，當系未定稿本。據黄裳（一九一九—二〇一二）題記言，原書共有十二册，書賈先出售此册。現在所看到的《兩浙清代詞林傳略》恐非足本，其餘十一册下落不明。

關於此册書的來歷，黄裳在封面題『涉園稿本』，而題記言『此適園張氏所藏稿本』。涉園是張元濟（一八六七—一九五九）的私人藏書處。張元濟，字筱齋，號菊生，浙江海鹽人。光緒進士，歷授翰林院庶吉士、刑部主事、總理各國事務衙門章京。一九四九年後擔任上海市文史館館長、公私合營商務印書館董事長。其十世祖張奇齡首築涉園，以充書齋。此後，涉園屢經擴建，藏書量亦漸富。然而，嘉慶、道光年間，藏書陸續散出。咸豐年間，涉園又遭受太平天國的兵燹，屋宇損毁嚴重，藏書和板片散失殆盡。張元濟未能繼承祖先藏書，但仍延續了涉園之名。他多方訪購家族舊藏，同時也購入了大量個人藏書，重新充實了涉園藏書。適園則與張鈞衡（一八七三—一九二七）有關。張鈞衡，字石銘，號適園主人，祖籍安徽休寧，清康熙中遷至浙江南潯，世代經商致富。光緒三十三年（一九〇七），他在南潯南柵補船村築一園林，取《晉書》張季鷹『適志』之語，名之曰『適園』。張鈞衡藏書注重抄稿本，其數量和所藏刊刻本不相上下。此後，其子張乃熊（一八九〇—一九四五）繼承並發揚父親的藏書事業，陸續收入諸家舊藏，又得不少抄稿本，其中就包括張元濟涉園藏書。此書當經涉園、適園遞藏。

《兩浙清代詞林傳略》後來又流落到黄裳手中，『來燕榭』『容家書庫』均是其書齋名。黄裳，原名容鼎昌，祖籍山東益都（今青州市），出生於河北井陘。當代散文家、記者、藏書家。黄氏精研目録版本之學，尤長於考據。藏書以明清版本居多，數量難估，僅《清代版刻一隅》就收録了二百二十六種。每得一書，必細讀一遍，品題書後，撰爲題跋。稿本封面和題記所言『乙未』，指的是一九五五年。落款人『小燕』則是黄裳妻子朱光耀的小名。

全書列專傳者七十一人，大體按照人物生活年代的先後順序編排。其中，范璨、葉新、錢受穀、沈齊義、吴璜、潘瑁、何裕城、王士（世）芳、吴嗣爵、孫辰東、吴穎芳、汪如洋等人的傳記重出，人物記述詳略不一。費寅在鈔掇材料、編寫人物傳記時，皆不標明出處，僅在個别地方留有『右國史館本傳』『右家傳』等。國史館是清王朝爲修纂國史而設置的修史機構，成立於清康熙二十九年（一六九〇），隸屬翰林院。其所編修的臣工列傳，是謂『國史館本傳』。家傳是爲親屬族衆撰寫的人物傳記，可以是家屬親筆，也可以是請他人代筆。由此可以管窺費寅在編修傳略時，所參考的清人官私傳記文的情況。傳主或擅文，或工詩，或精研經學，皆文稱卓著，故書名冠以『詞林』。然而，在他們的傳記中，佔據主要篇幅的却是其仕宦經歷和政績爲人。《兩浙清代詞林傳略》保存了許多浙江文士的傳記資料。同時，它還保留了編者修改的痕跡，反映編者思想意圖的變化。該書雖然是殘本，而且是未定稿本，但作爲一種鮮爲人知的珍稀古籍，仍有其獨特的意義和價值，且在保存浙江先賢史料方面，起到了一定的作用。故此影印出版，收入『浙江文叢』系列。

目録

兩浙清代詞林傳畧

涉園稿本　乙未九秋來燕榭藏

陳句山

金德瑛傳

金德瑛字汝白一字慕齋又號檜門杭州仁和人文章奇學見
世衰亂獨棄書治生僑寓常州遂豪于財百餘年來近屬幾人皆
賴以養生送死故有富名其實不過張歲息衣食粗足而已
性好古下筆必力追作者工書法出入晉唐善鑒別金石摹本及
古人手跡真贋日以此自娛頗其留意世務所見閱輒入告不以
非其職自諉因是賢之寖至大用乾隆元年由順天鄉
舉貢禮部廷試讀卷大臣置卷第六上特拔第一授翰林院
修撰自是連充福建江南考官寄籍仁和其宗人皆
故邑例應引避辭不許七年視學江西連擢侍讀右庶子
滿三年特旨獎留十二年還朝擢侍讀學士少詹事當是時
海內文風甚盛極弊生競為詭濫自束髮搽觚熟精理法於

制義源流正變靡不洞澈所至人不能欺十五年遷太常寺卿十
七年代祀古陵於山西既蒇事有釐正祀典一疏其詞爲都下傳
誦略曰伏見女媧氏寢宮中設婦人塑像鄉愚奉爲求嗣之神夫
斷鼇立石固聖人所不言和樂諴函豈當陽爲女主推其命氏蓋
如姬姜姒姒之倫遠在洪荒難求日角龍顏之肖理宜毀去舊
設別造神牌瀆褻私祈從茲禁絕上然其議從之是年四月視
學山東遷內閣學士明年遷禮部侍郎其秋典江西鄉試先是丁
卯歲自學政還朝值漕告饑上大發帑金賑救而鄒滕以南被
災尤劇有司格於例限未敢以聞以入對言狀即日奉旨展期
博濟至是自典試還道出徐州黃河故道向繞徐城東注是秋
雨暴漲河決上游孫家集奪溜微山與運河通兗州金鄉魚臺諸
縣漫爲巨浸而徐州故道以涸挾土人策杖登雲龍山周諮水

性地勢得其所以去所以就所以壅所以潰所以消長為志陳
上前即日特遣大臣往勘如其言大興清築水患以平自雍正
初申嚴學臣貪穢之禁繩以重典上謹持成憲用法益果京員
出使者頗能廉慎自守然或以清素故節當過當至於幕下賓友
寥落所經佳山水多不挂眼其于地方利病益無所關人亦不責
而不恤之然體國愛人之心形于不自已如二十有六年由直隸
學政擢□官條伏臺省便宜事忠稱旨其冬寒甚以奉命巡視
通倉場得疾越歲而病竟不起年六十有七

吴鴻傳

吴鴻字頡雲號雲巖仁和人乾隆□□解元辛未一甲第一名進
士授修撰歷官侍講雲巖工制藝世有元名之目
午科典試爲錢大昕王杰雲巖閲諸生闈作决丁壯丁正心
張德安石鴻翥陳清聖五人必售榜發使人走探自第六名至
未僅聖清一人雲巖旁皇莫釋少焉五魁報至則四生已冠其經
吴一時傳爲佳話　後進吴門宋小巖銑幼年
落拓京華　館于家督課舉業其後亦入館閣
自外歸見有酒肆猶炳燭督樵擲筆就臥遲明視之則已化去是
夕有夢翰林署中騶道呵殿云吴狀元代韓昌黎為土地者府志
入文苑傳

乾隆元年諭曰向來翰林官丁憂有在京修書之例梁詩正著來京在南書房行走並給以俸照入直

梁詩正傳　兄啟心　孫履繩

梁詩正字養仲號薌林錢塘縣人少有異稟五歲始能言十一歲能詩文十九歲入錢塘縣學與兄啟心有二難之目二十五歲偕同學杭世駿陳兆崙等六人聯文社有賈韋集行世二十七歲從院長萬經讀書敷文書院雍正四年丙午鄉試中式八年庚戌會試成進士殿試以一甲第三名及第授編修九年充一統志館纂修十年充山東鄉試正考官十一年充會試同考官十二年召赴西苑試詩選入上書房侍讀以舊學受知兩朝蓋昉於此九月以原銜充日講起居注官十月授侍讀十三年六月授侍講學士七月以母病乞假歸乾隆元年詔以原銜來京賜俸照現任學士給俸兼直懋勤殿與同年顧成天恭校御製樂善堂全集九月賜第于南城珠市街

乾隆丁丑南巡諭梁詩正著來京在南書房行走

兩浙表

初｜上在潛邸時｜憲皇帝以三藏聖教卷帙浩繁且支那撰述有未編入今｜上同莊親王校理未竟厥緒至二年三月勅和親王同公詳審進呈逾年而書成三年五月積雨初霽｜召及內廷大學士暨翰林等登御舟遊賞遍歷瑤臺蓬島六月補侍讀學士復充日講起居注官十月充順天武鄉試正考官十二月授內閣學士兼禮部侍郎充經筵講官四年正月授刑部右侍郎公以初貳秋官刑名未習日取律例講肄之有疑義輒與曹郎相質期于貫通五月調戶部右侍郎錢法因循日久弊叢生公乃密其以以次釐定積弊一清是年春兄啟心成進士改庶吉士五年閏六月訓導公壽七十｜賜傳經介祉額又製五言律詩賜之十一月

祉

允新皆允行命仍兼錢法事時有主使匠人控告監督受賄
者詞侵公奉旨派王大臣同戶刑二部會鞫事誣得釋七月扈
從木蘭十一月兼吏部右侍郎恭遇皇太后五旬萬壽命與
戶部侍郎三和承辦內廷慶典七年四月充殿試讀卷官
名為什和金君甡陽湖楊君述曾陽湖湯君大紳再命閱進士
朝考卷取宋佩蓮等三十六人是年兼 御史館 命纂叶韻
彙輯一書兄啟心散館授職編修八年正月上御重華宮召大
學士翰林等賜宴聯句勅公書以勒石七月上謁祖陵公
隨行至盛京上陞殿大宴命進榻前手賜以卮酒入山海關
上登澄海樓觀海獨召刑部尚書張公照暨公聯句尋編秘殿珠
林及石渠寶笈亦公偕張公任之九年賜清勤堂額初冬扈
駕盤山入宮門許乘騎而行旋蹕適重葺翰林院成車駕臨幸

祉

初|上在潛邸時|憲皇帝以三藏聖教卷帙浩繁且支那撰述
有未編入令|上同莊親王校理未竟厥緒至二年三月勅和親
王同公詳審進呈逾年而書成三年五月積雨初霽|召公及內
廷大學士暨翰林等登御舟遊賞遍歷瑤臺蓬島六月陞侍讀學
士復充日講起居注官十月充順天武鄉試正考官十二月授內
閣學士兼禮部侍郎充經筵講官四年正月授刑部右侍郎公以
初蒞秋官刑名未習日取律例講肄之有疑義輒與曹郎相質期
于貫通五月調戶部右侍郎錢法因循日久弊叢生公察其嚴結以
以次釐定積弊一清是年春兄啟心成進士改庶吉士五年閏六
月勅封公壽七十|賜傳經介祉額又製五言律詩賜之十一月
轉戶部左侍郎六年三月充|皇清文穎館副總裁
又賜之其條奏變通二款一八旗生齒日繁若不使自為養
而常欲官養之雖目前尚可支持而數百年後旗戶十倍於今勢
必不給宜令閒散人丁於黑龍江寧古塔等處分置边屯使世享
耕牧之利以時講武且可充實駐防一綠旗增設兵丁較康熙年
間餉額多至五六百萬向來各營多空額自雍正元年徹底清查

盡除此弊是近年來兵額但依舊制亦較前有虛實之别況各省要地多滿兵駐防與各標營聲勢聯絡其增設之額可減者宜酌減不必遽行裁汰但遇有開除請即停止募補疏入上嘉納焉

者詞侵公奉旨派王大臣同戶刑二部會鞫事誣得釋七月扈從木蘭十一月兼吏部右侍郎恭遇皇太后五旬萬壽命與戶部侍郎三和承辦內廷慶典七年四月充殿試讀卷官十一名為仕和金君甡陽湖楊君述曾陽湖湯君大紳再命閱進士朝考卷取朱佩蓮等三十六人來年兼御史館書行走命纂叶韻彙輯一書兄啟心散館授職編修八年正月上御重華宮召大學士翰林等賜宴聯句勅公書以勤石七月上謁祖陵公隨行至盛京上陞殿大宴命進榻前手賜以卮酒入山海關上登澄海樓觀海獨召刑部尚書張公照暨公聯句尋編秘殿珠林及石渠寶笈亦公偕張公任之九年賜清勤堂額初冬扈駕盤山入宮門許乘騎而行旋躍遷重葺翰林院成車駕臨幸

送大學士掌院事鄂公爾泰張公廷玉進署時大學士九卿翰詹
諸臣畢集丨賜宴賦詩用唐臣張說麗正書院賜食應制詩字分
韻賞賚有差公以侍郎賞與尚書銜奉丨特旨也十一月丨命選
唐宋大家詩醇十年五月授戶部尚書又丨命閱進士朝考卷及
鄒齊叙等四廿十一七月扈丨駕幸多倫諾爾十一年建福宮落
成丨命公作賦紀之八月丨召大學士九卿翰林詹事諸臣赴瀛
臺賜宴和丨御製詩四章又仿柏梁體賦詩又用唐臣李嶠甘露
殿應制詩字分韻宴畢丨上憩流杯亭命公等雜坐水石間分牋
聯句既諭登舟遊覽如賣花釣魚故事九月扈丨駕謁丨泰陵旋
詣五臺為丨皇太后祝釐經鎮定命觀象春園雪浪石舊跡并
和丨上擬蘇軾聚星堂體詩十二年充續文獻通考館總裁七月
復扈丨駕幸木蘭十三年三月扈丨蹕幸山東先詣曲阜謁孔林祠

祭嶽廟登泰岱｜上以山徑險仄諭公不必隨而沿嶺分駐侍衛
若置郵然有｜旨遞傳上下前此所未有也旋奉｜命閱迴避卷
得福建李君宗文四月調兵部尚書｜命閱進士朝考卷取材楚
祿等三十人十四年二月金川報捷加太子少師八月｜上以
經畧大將軍禮無區別宜定儀注公稽攷舊典參以時宜自禡祭
啟行迄凱旋告｜廟臚列進呈載入會典十一月吏部尚書陳公
大受病久奉｜旨兼管吏部尚書｜賜宣贊樞衡額十二月兼翰
林院掌院學士越數日奉｜旨協辦大學士是秋｜命偕汪公由
敦纂西清古鑑十五年正月授吏部尚書仍辦閣務頃之教習庶
吉士五月御史歐堪善奏公徇庇營私各欵｜上召軍機大臣及
掌院學士阿公克敦吏部尚書達公爾黨阿暨公堪善等於勤政
殿｜親加訊問事白不復置議八月扈｜巡中州經趙州栢林寺

有吴道子文武水畫壁時吏部侍郎彭○啓豐亦扈從丨命同爲聯句進呈會御史儲麟趾奏四川學政朱荃匿喪丨上召問奏對不稱丨旨罷掌院學士吏部察議疏上奉丨旨革職留任十二月恩賜○子敦書舉人廕生分部學習明年丨上迎○請扈從歸里爲○慶八十壽辰丨上先給一品誥封以示恩寵十六年正月從丨南巡啟行次維揚○給假先歸奉○迎駕○吴江丨賜克食及貂皮緞疋又賜湖山養福台階愛日二額御製五言詩一律時丨御試兩浙士子詩賦命○及汪○由敦閱卷取○墉等人是年又扈從木蘭十一月恭逢丨皇太后六旬萬壽疊賜如意朝珠荷包朝衣諸物他臣不得與也歲小除丨賜白銀五百兩十七年○目失明乘丨召見以歸養請丨御書身依東壁圖書府家在西湖山水間一聯慰之六月復請奉丨丨

旨協辦大學士吏部尚書梁詩正因父梁文濂現年八十一歲奏
請回籍終養梁文濂家居頤壽朕已疊次加恩梁詩正典領銓政
供職内廷正資宣力但父子至情年逾大耋理應承歡膝下以遂
孝思著准所請回籍侍養時丨江將秋蒐未忍遽還也十月陛辭
賜御製五言律幷貂皮大緞又賜訓導如意人葠貂皮等物且
諭云二三年後南巡汝接駕至揚州君臣復得相見矣公感激涕
泗而出其冬抵家十八年丨命與沈公德潛合修西湖志纂十九
年丨上知公舊有塞上雜詠命録以進明年西師奏凱上平定準
夷頌晉叨厚賚二十二年再丨幸江浙公在吳江平橋迎御舫奉
諭云梁詩正侍養在籍安靜可嘉其照品級在家食俸以昭眷念
舊臣至意再丨賜御書萊衣晝永扁額三月丨駕莅江甯試上下
江士子詩賦丨命公及總督尹公繼善浙江學政竇公光鼐閱卷

敢昶等七人尋令回浙侍養五月上寄御製詩一百八十餘首
命和進之二十三年四月丁父憂九月奉上諭梁詩正丁憂
已逾百日工部尚書員缺一時不得其人即著來京署理奏請
俟窀穸事畢再北上許之時兄亦卒明年正月並
營葬於葛嶺是月又奉旨調署兵部尚書於是入都賜紫禁
城騎馬復命工部侍郎三和於澄懷園度地建屋俾就近直宿
如初八月充順天鄉試正考官二十五年四月充會試總磨勘官
五月偕軍機大臣閱庶吉士散館卷取江西蔣君士銓第廿七月
服闋奉旨教習庶吉士八月上五十萬壽命赴熱河入宴九
月實授兵部尚書十二月奉旨署掌院學士兼續文
獻通考館總裁二十六年正月初二日上御武成殿宴賚將軍
兆惠等與焉二月駕幸五臺四月充殿試讀卷官

甲三名為陝西韓城王君杰仕和胡君高望陽湖趙君翼陝西地鄰邊塞本朝未有以一甲入選者時值西域甫敉而狀元為西人上大悅再命閱進士朝考卷未幾蔣公病薨劉公統勳擢大學士以吏部尚書協辦大學士內缺今公補授仍管掌院學士七月上駕幸木蘭上命同王大臣留京辦事十一月恭遇皇太后七旬慶典例進御製表文命公撰撰進呈奉皇太后懿旨賜緞疋荷包又賜朝珠如意各物是月十一日恭上皇太后徽號冊寶典禮隆重公同協辦大學士兆公惠主之周旋磬折從容中度為觀禮者所稱奉懿旨賞賚較廷臣有加二十七年充順天鄉試正考官二十八年六月補授東閣大學士仍領前職九月賜第於內城句闌衚衕十月晉太子太傅時公次子敦書出為貴州知府俸滿當來京引見奏請留部得旨仍以戶部郎中補用未至

京而公已於十一月十四日無疾而薨年六十有七｜上聞震悼
遣｜皇五子率侍衛十人親詣奠醱賜內庫銀一千兩治喪又以
寓次乏人特派內務府司官一員往理喪事晉贈太保入祀
賢良祠謚文莊公柩將歸｜上復諭沿途文武官弁在二十里內
者著俱赴舟次弔奠並遣人護送俾得穩抵故里以示體卹世益
榮之公初配孫氏再配包氏三配徐氏俱封一品夫人子長同書
出為編修君後公乞養時適會試下第｜特旨賜一體殿試選庶
吉士官翰林院編修以攷詞名世次敦書由恩賜蔭生歷戶部
郎中出為貴州遵義府知府改戶部郎中孫男三履繩玉繩應綬
公由詞臣入｜內廷迴翔禁近及扈從｜巡幸常在屬車豹尾間
國家鉅製咸出其手所著有矢音集五卷已刊行餘藏於家公雅
不欲以文人自居愓龐純篤謹於內行以闇居就養家居閒安視

膳納履撰杖無不躬親者在朝綸修君在家家事無巨細一聽
處分兢兢畔畔不懈滋恭如史稱萬石君雖鄒魯篤行無以過之
性儉素衣必數澣居處飲食嗇於寒士貲郎墨吏不敢因緣造請
每下直雙扉晝掩閒庭閴寂筦司農者九載不名一錢常署所居
爲味初齋示不忘其舊既歸西湖搆古懷書屋不繫舟共五六楹
以供燕息又於葛嶺增營新阡建祠宇即清隱菴而稍廓之兩舍
數閒欂櫨無飾人不知爲宰執之塋也自以受知一兩朝天下想
望丰采治事持大體必有裨民生有益一國計而折衷掌故綜覈
利弊不肯以曹事棼如稍自暇逸亦不肯曲徇同官意旨雖纂撰
書籍亦再三披繹期於美善是以洊被一寵遇錫予便蕃廷臣無
出其右屢爲忌者所愬卒莫能少閒也吏部掌銓政爲六官長而
掌院所屬係文學侍從之臣內閣職典絲綸出納一王命皆京僚

極清要地公兼領數年戴璐王公際華戲謂曰公可謂三清居士矣新建裘公曰修笑曰兼以上書房南書房則五清也其為同官傾慕如此公常言往在上書房為一高宗作擘窠大字適命駕至諸臣鵠立以俟作書墨漬於袖又命一高宗曳之今弃此衣三十年矣他時服以就木庶存沒志一君恩也卒如其言四十年卒高宗御製懷舊詩列詩正於五詞臣首

梁啟心傳

梁啟心字首存號讓林初名詩南錢唐人籍文瀾乾隆己未進士官編修有南香草堂詩集讓林幼負異稟號為奇童與蔣相國自相師友有二難之目訓導公家故貧居鳳凰山麓母淩夫人夜織讓林兄弟方幼戲于旁虎突入戶夫人驚絕既蘇視兩兒戲如故問之曰有大獸來四顧而去亦不知為虎也鄰里咸異之既成進士改庶常例當俟散館以訓導公以春秋高乞假南還會相國入對高宗廟廉知其孝即家授職蓋一殊恩也訓導公喜吟咏老而彌篤春秋佳日輒與耆名老德閒僧曠士往來西湖之上讓林未嘗不攜杖以從道觀者太息以為善養志者讓林若矣訓導公歿哀勞逾節疾遂作卒年六十四府志入文苑傳詩見輶軒錄者不復錄

梁履繩傳

梁履繩字處素號夬庵錢唐人大學士文莊公孫敦書子乾隆戊申舉人梁氏家法最嚴故相國父子功名赫然而子弟皆能砥礪素業不異寒畯夬庵與兄諫菴玉繩銳意經史夬庵于眾經中尤精左氏傳嘗鐫小印文曰臣有左傳癖撰左通若干卷分六門曰廣傳曰攷異曰補釋曰駮證曰古音曰臆說錢竹汀詹事見之歎服惜中年徂謝未及成書補釋一門三十二卷采摭繁富哲嗣待大令祖恩刊行之書法端謹其初與兄同居城西竹竿巷中表親張仲雅大令雲璈居城北梅東橋詩筒往來殆無虛日所刊梅竹聯吟是也歿後姚修白嗣楙夢見之徵吟云多情惟有窗間月伴我吟詩不肯眠殆所謂精爽不滅者歟

張映辰傳

張映辰杭州仁和人雍正十一年進士改庶吉士乾隆元年散館授編修二年大考一等擢侍講三年充湖北鄉試正考官四年正月｜上御乾清宮西暖閣｜賜羣臣宴賦柏梁體詩｜賞箋硯筆墨有差映辰與焉三月｜命提督湖南學政十一月疏陳三事一生童臨考每因細故輒與小民忿爭率衆稟官有司過存姑息多將小民飭責以致易生驕玩請嗣後遇有生童臨考稟控小民之案止許本人赴審如多人爭辯即照聚衆生事例治罪一考試武童騎射例由督撫提鎮飭委副叅遊擊一員會同校閱恐有聽受賄屬情弊請一體迴避關防一生員隨任遊學有寬限補考之例報部冊即附在見考各生第等之末查有欠考數多僅補一次者並有徇情免考徑行附等者請嗣後補考生另冊報部不得蒙混

並嚴禁徇情附等之弊下部議行六年差滿回京七年十月擢侍講學士十一月充日講起居注官八年四月遷右通政使閏四月轉左通政使九年　上幸翰林院　錫宴賦詩映辰復與焉十一年三月遷太僕寺卿旋被議歸十六年　上南巡映辰迎　鑾江左恭獻詩章　賜大緞豊貂十七年來京補大理寺少卿尋充續文獻通考副總裁十八年六月充陜甘鄉試正考官　命提督江西學政十九年復授太僕寺卿二十年以瞻徇議准尚書王安國左都御史楊錫紱之父入祀鄉賢祠降二級留任二十一年八月擢内閣學士兼禮部侍郎銜九月調陜甘學政二十四年差滿回京二十六年五月遷兵部右侍郎九月充武會試知貢舉十月奏内場點名冊向於入場後書吏請外場監箭原冊照寫殊不慎密應令照　兵部司員記箭冊繕寫同試卷送入至分東西坐號時止

令監試提調等官密拆親印卷面仍行封固俟受卷彌封後始拆
閱分別雙單好及合式字樣交入內簾　從之二十七年四月以
前在陝甘學政任內濫保邠州學正史夢堪任知縣降一級調用
十月署內閣學士兼禮部侍郎銜十二月補都察院左副都御史
二十八年七月疏言巡城科道遇有出差事件期在一年以內應
行委署者請由都察院堂官公同揀選不得照前按資輪派　上
可其奏九月充武會試副考官十二月卒年五十二生平立身行
右國史館本傳己沖澹自得不激不隨脫迹成例其風采焉
著有思露齋書屋詩集

戴永椿傳

戴永椿原名永順字翼皇號卯君歸安人雍正元年癸卯進士由編修擢御史巡視西城署山西臬司山西風氣勁悍永椿拊循而發育之訟日以息調江蘇案牘填委處之裕如東臬七年全活甚眾丁內艱除服會尹繼善節制兩江兼理河務請永椿與俱是時天然壩閘揚州濬支港分達于江永椿董率之轉揚水通江紀畀出守潯州調思恩軍民府訪宗香山自寫性靈永椿之歸也買城南舊宅葺家祠其旁闢數弓藝花疊石名故人嘯咏其中取坡公句顏其額曰漸成草堂著漸成草堂詩集八卷

仕

沈嘉徵 促 山陰人

沈嘉徵字懷清年十三母疾篤刲股和藥以進援例授廣西蒼梧巡檢調横州吏目獞民時出没爲暴嘉徵招徠人民捐俸給住屋耕牛令懇植河邊地共相防禦不數年人烟稠密盗蹤獲靖雍正三年詔裨職亦准卓異起授江西樂平縣知縣建義社各倉民好訟隨到隨判案無留牘明建文時有龍泉知縣張彦方樹義捐軀甚慘母妻同時殉節邑民合葬縣治清白堂後三百餘年莫敢啟視嘉徵爲文以祭且修其封祀之名宦調知浮梁舊有陶規禁止之窯俗遇傭病輒棄不視乃創廣濟堂並設義冢立石紀其姓氏里居重建昌江書院邑多蛟患穿穴破田嘉徵率役闢榛莽平高田之土以實之盡成沃壤廣昌民宋文聚死其弟誣其嫂與人共毒之已三覆檢矣嘉徵讞得其情申雪之乾隆三年卓異賞朝衣

一襲陞知象州又陞百色同知漢土民爭田輒相賊殺嘉徵履丈與不立剖土司岑豪修與族侗接鄙至夜謁餽金嘉徵卻之曰爾自檢束我不爾苛金無為也地烟瘴甚重民多疫癘創建城隍廟及厲壇設藥局延名醫司其事歷鎮安太平知府陞迤西道十七年擢雲南按察使有崔參將者年已七十讐家誣為黨逆府縣刑逼強承解至省嘉徵研鞫無實立釋之二十二年九月督撫騙金事發嘉徵以不先奏劾落職歸至半途復授江南常鎮道越二年以年七十告歸又六年卒時乾隆三十年也

諸錦傳

諸錦字襄七號草廬家寒微父有隱德錦生數歲孤母氏爲擇師日攜以就塾刀鍼黹以供脯脩錦亦自發憤刻勵甫冠以舉人考授內閣中書成進士由庶常改知縣再改金華府教授乾隆丙辰以博學鴻詞授翰林院編修典福建山西貴州試歷左贊善假歸不復出錦於書無所不窺於箋疏考核尤精詩學韓蘇書法瘦硬如其著有毛詩說饗禮補亡夏小正詁及絳跗閣詩文集其詩第十卷目康熙甲申至乾隆壬午五十九年之作共一千五百餘篇又嘗手輯浙江耆舊之詩題曰國朝風雅凡十二冊未經編定

[illegible]

陳論傳 杭州海寧人

陳論字謝浮號丙齋順治[illegible]中會試康熙[illegible]成進士選庶常讀書中秘凡內府金石之藏靡不淹貫而於國書尤覃思熟習本朝大著作如實錄會典平定方略皇輿表鑑古輯覽明史類函諸書纂修攷訂出皆出其手[illegible]分校禮闈甄拔皆名士[illegible]主試中州命甫下即親書姓氏庚甲告天設誓不敢一毫徇私榜發多士騰歡有玉壺冰鑑之目當宸采輿議敕九卿詹事科道諸臣分別主試官優劣新城王士禎昌言於朝曰今科主試公明當推河南為第一廷議翕然由少詹擢副憲鎮靜守法不務為搏擊楚有婦人誣以殺夫寃獄爰書已定力為平反遷少司寇各省上獄必手自核審不假吏人每夜分秉燭下筆惻然如傷故終任無濫刑事後以讞案未當大司寇王士禎手定題稿事涉論論不復申辨分

過罷歸家居六年日手一編自娛年七十四卒乾隆卅年名臣傳

官京邸近匠約略相同而詩獨過之命子孫妥爲付梓並

爲自以與士禎

取著錫硯齋詩集近體宵清麗殺過之修並自大者

相去遠矣

一晝夜病大作歷旬日猶力疾理事晦日渴甚啖瓜一環痰壅而卒蓋以死勤事者也公游心典籍樹骨風騷馳騁百家弋獵四庫著質園詩幾及萬篇宦跡所歷方幅殆徧凡冠裳禮讓戎馬戰爭之區風月鶯花般樂嬉遊之地以及蠻鄉瘴海鬼國神皐奇詭荒怪之境莫不遐矚曠覽傾液漱潤一發於詩蓋取卷軸精華璀璨洋溢於呼吸吐納中遂併古人諸長使靈源滙心錦機納手故能清新無窮垂老不竭為一代有數作者至在事有方人思其政從容馴致不尚刻深是以士女昌逸閭井謳謠〇以此得與庶僚賓從迴翔文酒於江山清宴之間以視束溢迫處於簿書筐篋中者翛然自遠〇好賢愛士天性真摯見人擅才藻若已有之壇坫風流後彥景附而舞衫歌扇乞公醉墨雲箋者輒滿其志嗚呼豪矣

論詩

初傚樊南既而出入杜韓元白蘇陸間樂府歌行尤瓌麗縱

迭跌宕自喜交友徧海内最善者嚴遂成袁枚王又曾萬光泰程晉芳戚蓼吴斆文其子璜幼富文詞特爲舅氏矜寵晩年採國朝郡邑人詩數千首編排品騭題曰越風然而無出公右者

論曰昔人謂伍有窮通不可滅者文章其著焉經禮樂而緯國家通古今而述美惡非斯莫可誠性情風標神明律吕也商公仕宦三十年身佩十三印列戟專城不廢觴詠有承平士大夫之風追老入師中盡瘁而死文人所遇克有終矣到溉曰有大才而無貴仕於公則何憾焉

商盤傳

公諱盤字蒼羽號寶意姓商氏其先汴人四世居嵊縣繼錦四山公始遷郡城九世聞人前明太僕明洲公少廷尉燕陽公皆登進士遂為邑著姓再傳箏軒公位冢宰為公五世祖曾祖濟川公郡庠生祖頤山公康熙丙子舉人官嘉興教諭考今素公壬午舉人歷任達州泰安州同俱以公貴貤贈如其官康熙辛巳十月二十又四日公生於八士橋尚書舊第五齡就傅讀書於土城山之質園越七載乃出應試年十九補庠生與同學結西園吟社著小山叢桂集而髫齡所作新蟬詩紅葉白燕等賦已為時豔稱雍正元年設特科公年總二十有三何公世瑾視浙學拔公貢成均明年入京師周公學健任公蘭枝咸目為國士凡名卿大夫文字之飲得公擊槃刻燭始相引重公灑墨淋漓每成四韻輒傾倒

前賢兩才子之名赫然布滿都下已酉舉京兆明年登第廷對列二甲以知縣用次日特旨改庶常習國書散館授編修元年公三十五歲疊充八旗館國史館纂修官進經史講義數上封事戊午獻臨雍頌耕耤詩皆為上嘉納尋以祿養陳情乞外任得廣西新寧州牧上以其親老特改授鎮江郡丞詞臣受恩逾格前所未有也既而權海州牧及南昌今南康守調太平郡丞甲子以督造戰艦居吳門二載丁外憂去服闋補施南郡丞攝守篆壬申分校文武鄉試旋督糧艘北征甲戌擢梧州太守公年五十有四矣既入粵而知梧州者已易官乃權鬱林牧及太平守尋補慶遠府歷四年遷守鎮安又三年持繼母服去甲申年六十四再補雲南守丙戌移守元江明年王師進勦緬甸公跋涉戎行夙夜靡逸感觸瘴癘受病日深六月渡清水河雲雨如注公露處馬家檳榔園

孫灝傳
孫灝字載黃號虛船杭州錢塘人先世新安人明嘉靖間有贅
於杭者因家焉公之祖以能治案牘常客遊四方父業儒邑庠生有
孝行公少沈敏刻志勉學補諸生成雍正八年庚戌科進士改庶
吉士奉命隨相國史貽直宣諭三秦還授編修十三年充湖
北鄉試正考官乾隆六年擢監察御史時錢價翔貴灝言錢少由
於盜銷其故在民銅不足請敕雲南守臣計歲出銅額弛餘銅
售民民與官俱足即盜銷自息又言督撫劾吏當秉至公不宜寄
耳目於近暱恐覬覦橫生長舌訐請嗣後參劾款證明白方許列
疏兩疏皆交九卿議八年六月上因天暑命刑部釋輕罪扽囚
給藥食灝請推恩行之各省次年京察一等明年三月掌京畿道
事是歲蠲免天下錢糧詔以有田之家邀恩蠲免佃戶亦應酌

乾隆卅一年 卒

減租糧令有司善為勸諭言田主佃户湆澆不一請為之定則
如納銀一錢者田主既免佃民即準五分銀數減租穀天下通免
錢糧二千四百餘萬田主佃户各霑一千二百餘萬之恩得丨旨
交大學士會同户部密議擢太常寺少卿洊擢至光祿寺卿十四
年先文莊公薦端謹詳密足勝侍郎之任因得丨召對其冬授
湖南布政使屏苞苴慎黜陟一無所瞻顧在任以失察奸民詐冒
職官事罷歸里十六年丨高宗純皇帝南巡迎丨駕道左復用
少詹事擢至太僕寺卿十八年提督河南學政所以教士甚備滿
任還都豫士刊石頌德泣送不忍舍是冬丨命直上書房二十一
年擢左副都御史兵馬司吏目有捐副指揮者當離任都察院請
留遇缺題補廣成實主之成傳相國及同官依向畫諾以為紊
選法不可比入奏不列名具以丨聞丨上右罷成副都御史

傳

二十三年冬日食降詔修省公因上言聖駕將以明年幸索
約爾濟其地在京師直北途經蒙古諸部與鄂羅斯接界僻遠荒
寒非萬乘所宜往請停止以荅天意上以講武習勞本朝家法
蒙古皆子孫臣僕恭誠望幸孫灝不諳國體以遠涉為勞開旗人
頹廢之習妄言宜罷猶以言官薄其譴以三品京堂候用方奏
上時上自對盛怒詰責殿中皆讋懍公反覆申奏數百言
清和既出侍衛者皆爭前識公其後因西陲逆回構亂軍行需馬
停遠幸上諭中尚以公前疏為言公由是悚感天恩勤慎以求
補過尋授通政使數與扈從得恭和聖製詩三十一年冬卒
於官年六十七公素貧困既歷內外疏水自厲不妄取一錢意
亦蕭然自也夫人陳氏能贊君之清節無子以弟沆之子同玲為
嗣同玲幼育於公年十一諸城劉文正公器之賦詩稱美以州同

試用安徽嘗奉檄察饑戶慨然曰民方困委員往盈之擾力辭於
上官時論美焉補合肥縣丞嘉慶十年卒公有側室張氏年十四
歸於公公歿時張甚少矢志自守今尚存年七十餘
舊史氏曰公與先文莊公爲進士同年同書侍公教甚久以公之
清峻宜若不可近然遇人愉愉無所還孝於親愛於兄弟君子人
也嗣子克肖限以卑位不竟其緒又重可惜已

右家傳梁同書撰

范璨傳

范璨字電文一字約軒号松岩浙江秀水人雍正二年進士改翰林院庶吉士五年散館以知縣用補順天大興縣十二年洊升江南廬鳳道乾隆元年超擢河南布政使四年調直隸布政使五年遷湖北巡撫六年五月奏漢陽府屬之漢口鎮商賈輻輳向多刦盜巨案武昌府屬之八吉堡地方瀕江居民俱假捕魚為業乘機搶刦寖成積習見飭文武各官嚴行緝捕隨時分記功過如有功少過多委靡不振者文職入於計典武職入(於)軍政分別劾叅一命實力行之六月又以宜昌府屬之歸州州判張維漢牟利病商奏請革訊因疏陳歸州新灘地方險要川省商船路所必經值冬春水淺山石森立必雇覓本地熟悉水性之人放溜過灘向有無賴棍徒强索不遂輙用破壞船隻奪溜礧撞俟船貨漂沒羣相攫取以致商人視為畏途州判

職分較卑不能彈壓請責成歸州知州及該管道府實力稽查並
分別條款刊立木榜俾商民得免苦累—從之十一月疏言宜昌
施南二府所屬苗疆地方例儲倉穀六千石見在發價採買惟該
處地寒水冷種植雜糧者居多兵民相處日久亦慣以雜糧充食
向無米商到境請改儲雜糧如所請行八年三月調安徽廵撫六
月奏安省上年被災鳳陽潁州泗州等屬有鰥寡孤獨窮民無告
者各省向有額外收養之例江南因耗羡不敷尚未舉行見值災
祲之餘亟宜設法安置—上是之九年三月奏常平倉儲所以酌
盈劑虛持平市價特是平糶之際價值不大加覈減則貧民不能
霑惠設或減價太過則營利之徒貪賤多買囤積居奇無見一州
一邑之間倉儲所蓄本足敷數月平糶往往減價過多一時競糴
即報糶竣致貧民不得邀絲毫之惠惟查照上年秋成平價之情

形為目前減價之成數如見在每穀一石較價平之時祇爭一二
錢者不必過減儻或收成之時價平本不見復一時驟長則減至
收成時之價值而止｜諭曰所奏尚屬留心須實力董率有司妥
帖行之六月｜召還京九月授都察院左副都御史十二月河南
按察使王丕烈疏陳米價昂貴地方有司應諄勸蓋藏充裕之家
陸續糶賣并嚴行查禁勿使商販居奇部已議行璨以所論尚有
未盡奏言商販居奇如為本地之商為害尚淺如為外來之商濱
水州縣舟楫可通朝發夕至搬運一空應密諭富戶令其親自經
理零星出糶固不可使近商囤積尤不可使外商遠運｜上[illegible]韙之
如所議行十年二月御史彭肇洙奏請歲終令戶刑二部將各省
旱澇豐歉及命盜案件多寡彙揭入奏藉以考察督撫得｜旨俞
允璨奏稱旱澇豐歉每年按省分注固可見民生之休戚察調劑

之當否至以命盜案件多寡殿最各省大吏州縣官咸謂案牘紛繁關係上司政績勢必有意消弭巧為迎合請一敕下各直省督撫嚴飭地方官務以實心行實政勿得瞻顧考成塗飾耳目一上從之五月遷工部[illegible][illegible]左侍郎六月奏江南下江糧賦重於他省聞上年收漕初開倉時印官駐宿倉親驗米色書吏尚無閒可乘迨至漕糧緊兌時印官不能親驗吏胥等遂多方刁難小民不能守候情願議扣自九五折至九折不等大漕既畢所徵兵行局恤等項米石竟有扣至八折者請一特頒諭旨通飭有漕地方官於開倉之際大張曉示毋許額外需索如有刁難折扣等弊將官吏一併揭參一諭曰徵收漕糧弊竇甚多江蘇之漕甲於諸省尤為積弊之藪朕亦知之范璨所奏著發出令有漕地方大小官員閱看嚴行釐剔如有仍蹈故轍者經朕聞知或被御史參劾必重加

處分十一年請假回籍尋以年老休致三十二年卒尋一賜祭葬
如例

范璨

范璨字電文秀水晚寓居高橋之南潯雍正甲辰進士授庶常改
知大興縣歷萊州安慶知府擢江南盧鳳道轉河南布政使調直
隸有實倉儲理溝洫等事疏並允行尋擢湖北巡撫調安徽入為
副都御史時同官奏以命案之多寡為督撫殿最部議已准璨謂
啟諱命諱盜之漸不可行上皆是之晉工部侍郎告歸高宗南巡
賜御書松巖樂志及耆英介景額以壽終著有露潛編

[illegible]

葉新傳

葉新字惟一號梅晴晚號艮堂先代宋水心先生裔曰宗韶者由括蒼遷金華之雅坂越五世有曰德甫者分派於邑東鄉之天鍾湖至先生晚而仍居雅坂世為金華人先生幼穎異十歲能吟詩年十七應童子試以第一附入郡學籍初名世經已而入京師寄籍順天改今名入學康熙五十九年庚子舉順天鄉試明年試禮部改不第原籍歸雍正二年復應禮部試又不第於是聞蠡吾李剛主先生傳顔習齋先生之學遂往受業焉先生踐履篤實立日譜自檢分内外言動稽核功過操存省察不毫釐欺飾雖暗室如大廷於義利之介辨之尤嚴李先生以識力堅定特契重之五年停浙江會試先生乃就揀選分發四川以知縣試用撫軍憲公一見即委料理川南丈量事逾年事竣還謁撫軍時有江油令某

壤

長厚君子也以江油地瘠民貧恐按畝清丈而加賦民不堪長跪為民請命撫軍顧先生議先生曰惟正之供奚容隱然則壞定賦有上中下之分請清其畝而下其則可乎撫軍以為然已而曰吾懸華陽待子久矣華陽省首邑也先生以初任恐不勝辭不允冀日檄下趣就職先生治華陽無廢事撫軍欲遂授實先生固辭乃改補仁壽縣仁壽僻野民頑難治邑故多陋規豪猾率以此脅長吏肆奸先生至悉革除之詳要束謹關防民用帖然有與鄰邑井研民爭界者當會勘鄉保因門役投揭入苞苴先生即收諸人入獄而往勘斷一從公已而各以其罪罪之自是無敢復干以私者仁壽清丈之餘田糧尚有隱漏黠者每取為己有偷報入冊訟不解先生為一一清釐之而戶籍秩然訟乃少加矣嘗取一劣跡武生褫究之其人懼而營解於藩司之家人藩司家人乃為書俾吏

役二人持至屬司閽者為謀寬貸司閽得書不敢發稟白先生先
生即械二吏役送藩司捕其人論如法八年勦瞻對糧運水次匯
於嘉定嘉定時為直隸州牧委先生攝州篆而總運事先生晝
督運夜治民事於政無闕失州臨水時沖坍民多虛糧歲煩徵比
先生徧查曠土可耕者召民墾闢即以虛糧移補於是免於賠累
之苦矣是歲仁壽值採辦內用木植部匠頭皆楚人倚勢橫索甚
民不堪因號召相抗署縣以為民作不靖院司飛檄先生俾往治
之先生知其故但檄匠頭至令民就鞫來者數百人稱冤而匠頭
方傲睨置辯先生立窮其奸悉繩以法第取民之倡首者懲之縣
以無事自是上游益知先生可倚任每有疑獄調赴審決一歲中
半居會城矣十一年興修泰寧惠遠廟專員承辦久之事不集院
司復以委先生故事載運物料諸土司輪值都統賚公欲專任一

人先生持故事請再三公堅懾以辭先生曰某奉委來如不當公
意願賜一檄去耳何怒為公怫然起見者咸失色勸入謝不可次
日羣集公署顏執先生手曰昨吾偶未悟耳勿介意也遂如初且
加敬禮工竣回省始知公已遍札上游為之延譽矣先生嘗歎賞
公之不遂過能服善為不可及而自以為過戇也十二年丁父憂
時要地賢能例留任守制仁壽士民乞留先生制撫已拜疏矣先生
懇請終喪不許旋授直隸州邛州知州乾隆元年引見抵州後
旋奉特旨補授夔州府同知未蒞任即委權龍安府繼權成都府
成都省首郡兼權稅先生釐剔奸弊潔己恤商十載廉惠之聲徹
上下隨委攝瀘州事瀘俗獷悍而好訟數不得人日廢弛積案累
累先生至日坐堂皇有告訐者隨事隨決虛者立予杖逐之不數
期而獄辭減其十之九凡百日而積滯一空先生廉知州民好訟

之由有楚人挾符咒邪術能茹刑人多習之為奸狡乃申禁後緝得一人破其術判日挾左道以誘民殺無赦立杖斃以徇於是人始不敢復逞先生治瀘兩載州俗一變稱易治焉先生自授夔丞凡五載至是始一抵任未一月又委權保寧府昭化有刼案令捕得五人欲誣服其首名之家屬控于郡先生訊知行刼日其人以他事就質于鄰邑尉計其程距二百餘里即密檄取尉審卷閱之果得堂供調令帶犯至令以為真爭甚力詰其贓無有乃示以鄰邑審卷令始語塞先生白院司立釋之而更捕真盜七年權順慶府兩月陞雅州府方就道丁母憂歸先生自分發四川至是凡十六年始得回籍凡所經治四民攜老挈幼莫不攀號為太恭人設祖奠而祝先生之再來也年服滿赴闕奉特旨授江西建昌府建昌素號易治士好文盛科第民多習商賈然浮華相尚虛聲相

夸而敦朴仁厚之意微外若富庶而民實窮苦凋敝也先生鎮以簡靜示以儉素逾年而化洽郡故有盱江書院祀宋李泰伯先生先生更葺理之顏其堂曰約禮遍祀其鄉之先賢於後寢選士之有志者讀書其中其課業以品行為本而文藝次焉間居則訪屬邑力學好古之士引與講論學術諮訪民隱優游漸漬期成善治故先生在建郡當時無赫赫之名而去後常繫人思也南城黃孝子故有祠圮地被侵先生清而還之立碑祭享以厲風俗有諸生以兄弟爭祀產而訟者先生既斷決傳教官至堂責其不友恭並予夏楚既而為開陳禮義以示之咸悔過自艾有無賴子恃父兄衿監有財為虐鄉里者先生杖而教之大哭叩頭去即往鄰郡理生業為善人焉建昌農民多佃主租而南城南豐之佃為刁頑過官禱雨輒各舁土神至前諠譁頑為抗租計先生治建之二年夏

少雨自為文步禱於城隍而先期揭示責鄉保諭令村民無得仍
前弊至期肅然越四日雨秋成大稔無敢抗租者其後復遇少雨
則為文遣官告祭南豐之軍山祭未畢大雨如注軍山郡之鎮山
也先生之誠意感格神人有如此十三年南豐令某以邑民饒令
德之父早年以不軌為衆所斃也或言令德復好奉勇者俾差偵
之誤採于其讐家遂逮令德令德適他出役遂逮其弟令德歸聞
弟逮自投到嚴刑逼之遂誣服結盟將謀逆究黨與乃謬舉親故
及鄰郡邑熟識雜以詭名令自書能發大奸遽通稟並關鄰邑追
捕四境騷然蔓撫贛二郡縣先生聞報即飛檄取來就鞫是時已
株連七十餘人矣鞫之語人人殊乃大疑詰原捕役初捕狀乃知
捕令德之弟時役利其一篋挈之及開視無物則棄之野令知之
疑篋有祕跡以刑求役役畏刑而妄稱有簿籍得賄毀之令是以

執此而嚴刑逼令言俾誣服也先生嘆事為鑿空盡釋七十餘人鐐具命皆遣至省會為昭雪且誡之曰有一逋者即俱死矣即馳省所釋無一後至者謁撫軍備陳始末撫軍愕然先生力為置辨乃遴通省才能集贛撫建三郡犯反復鞫之卒無據然不可解蓋豐令初興大獄時鄰邑得關牽以事大覺遲恐重得罪爭先摭關文中情節稟白撫軍而撫軍以異地同辭信為確竟入告矣特秘不言也會奏摺下批交制府委江南監司公來鞫先生為一一剖辨得解所全活凡二百餘人十六年春建昌米騰貴先生請發郡縣倉碾米平糶例二穀一米有餘羨乃滿量畀糶者嚴飭役不得中飽又勸富民以私財減價平糶更集紳士商令有力者挈資轉運而民不困於食焉南豐石牛洞民蔣大年兄弟四人其叔議婚新城吳氏叔沒大年欲改配季吳衣冠族也不允而別嫁其

都

女大年乃以李昌叔名而以從弟年相若者冒李賄族保之黠者為證控吳姓悔婚縣不能決是時吳女已有子矣其父母願倍還聘財大年必欲得女上控藩司藩司檄追女歸蔣先生廉得其姦詐狀會大年赴府催追女縶之而提族保及冒李者嚴訊盡吐其實即決杖繳還藩檄飭縣以牛洞頭民榜其廬兩邑民悉為之稱快十七年撫軍奏請移守贛州先生以精力衰固辭會上猶有逆案奉檄往鞫而調補之命下即留贛受事贛州為閩廣通衢故轄十二縣地延袤千里民俗浮侈政繁劇先生志先振刷以次更化凡屬邑遼遠案多者咸調至郡就近督辦審轉不出一旬兩月間招解之案絡繹鄰縣轉遞稱應接不暇有甯都監生曾翊唐遠出其妻邱氏與夫嫂鄧氏索債于李贊周家鄧氏故與贊周私者也至是疑邱知之遂殺邱以滅口贊周懼不知所為其叔李

東才者諸生也教以詐稱嘔血亡及邱氏之弟曰習教者往視見喉間有傷欲鳴之官而東才又教賛周謂習教僞傷誣控鄧氏之夫虞奏主和寢息其事翊唐歸訴縣求理寗都令審邱死於病習教殘屍翊唐誣告擬流徒翊唐於司審覆時求檢查即委長寗令會檢以無傷加擬先生細核案情多疑實驗其遺存血衣形跡非口吐且諸證辭皆乖剌訊仵作供檢時開棺屍殭未化項纏束解視氣管斷而官喝令檢骨截身上半蒸煮皮管糜爛辨頸骨無傷格皆註銷化遺訊東才賛周悉吐實先生以所關出入甚鉅且事涉曖昧為文牒城隍夜集諸犯于神前詳鞫供情畫一獨鄧氏猶支離閃鑠於是録供詳請委滈屬賢員確訊定案會觀察阿公以內遷去代者至聽原訊者之言謂先生輕信長遺令其審訪而長遺受賄先生誤聽翻案提訊之下意模棱先生以死者之冤莫伸

矣而生者又蒙冤爭執相牴牾時又有贛縣民蔡方照六人搶奪拒捕舊案先生照例擬發邊衛充軍適奉諭旨酌改本條為斬決院司欲以改例擬先生謂事在例前非官吏因循結案久矣宜從前例為允爭之不得因嘆曰殺人以媚人吾不能也即會案投劾閉門候代撫軍命人再三勸諭之先生堅臥不出乃以任性被議既解組欣然曰今而後可以無疚於心矣遂扁舟歸里先生之去建昌改贛州也建昌士民追攀不及阜碑以紀其德政及去贛州贛州士民焚香涕泣送之先生亦為之出涕時乾隆十八年也既歸遂卜居雅坂足跡不入城市日靜坐讀書教子弟暇則與農夫野老課農桑泊如也子弟或請著書則舉習齋先生語以答之曰道寄於紙千卷不如寄於人一二分故先生之所以為政即先生之所以為學也余年十四以童子試受知於先生其後稍長知

慕古為文章而先生已去建昌乾隆二十年省先生於家辱先生之所以誨之者甚至越十七年余成進士歸過浙江復至先生家則先生之卒已五年矣公子昊出其所撰行述俾余據以作家傳某謂先生處為醇儒出為循吏他日史官當有采焉乃删取其事跡之可以為法者

葉新

葉惟一名新浙江金華人少補府學生已復冒順天籍入學康熙五十一年舉順天鄉試聞蠡吾李剛主傳顔習齋之學往受業焉立日譜稽數功過尤嚴義利之辨雍正五年就吏部簡選任四川試知縣既至權華陽尋補仁壽民或與鄰縣爭地界當會勘鄉保因闇人以賄請惟一怒悉下之獄勘畢歸各按其罪由是吏民悉斂手奉法八年攝嘉定州州故有没水田多逋稅惟一視曠土可耕者名民墾闢以新科抵稅額逋稅悉免仁壽奉中旨釆木匠人倚官爲暴民弗堪糾衆相抗假令以變告惟一馳至訊匠頭及首先糾衆者一人並治之釋餘數百人不問上官以爲才有疑獄輒令往讞多所平反十二年遷知邛州乾隆元年再遷夔州同知權龍安及成都知府又攝瀘州瀘俗好訟初至案牘委積惟一日坐

堂工訟者至立剖决誣罔者悉杖遣之自餘獄事大減及百日遂無留獄七年權順慶知府遷雅州丁母憂歸服除授江西建昌府以簡靜爲治先教諭而後刑罰修盱江書院招引文學之士復南城黄孝子祠以厲民俗十三年南豐令報縣民饒令德謀反請窮治令德好拳勇令以風聞遣役往偵誤採其鍵謂謀反有據遂逮令德令德適它往乃逮其弟繫縣獄令德歸自詣縣縣訊以重刑遂誣服雜引親故及鄰境知識爲同謀令遽移檄追捕蔓撫贛二府惟一得報集諸囚親鞫時株連者已七十餘人言人人殊惟一大疑詰縣役捕令德弟狀役言初至令德家獲一篋疑有金寶匿之及發視無所有則棄之野令聞意篋有反迹訊以刑遂妄稱發篋得簿劄納賄毁之矣令謂實然遂偪令德俾誣服也惟一於是盡釋七十餘人鐐具命隨往南昌戒之曰有一逋者吾代汝死矣

及至七十餘人則皆在謁巡撫具道所以巡撫愕不信於是集才能吏令會勘益雜逮治諸所牽引卒與據然不可卒解先是巡撫得報時遽上奏奏下命兩江總督委官即讞惟一爲一一剖解得白所全活三百許人十七年調贛州府有贛縣民搶奪拒捕案惟一依故例擬發邊充軍時新例已改本條爲斬决院司欲以改例擬惟一謂事在例前宜從故例爭之不得復以寧都民獄事與同官持異同不得直遂謝事閉門候代上官慰諭再三不從乃以任性被議免歸家居十餘年卒

毛大經傳

毛大經乾隆年侍衛驍勇有膽略善騎射外擢雲南游擊三十一年正月緬匪構亂大經率官兵數百人於盤控江口堵殺賊衆逸去五月從王師討緬甸調大經領貽通官兵三百人守虎踞關十一月赴援鐵壁関三十二年正月進軍孟卯江賊結陣以待大經馳入奮呼手殲渠魁斬首千餘級大軍乘勝追擊賊沿河脫逃正窘迫間軍中炮炸震若轟雷士卒出不意驚潰賊聚衆反攻大經横當賊鋒不少却突圍出誤陷泥濘賊畏其勇遠射不敢近飛矢雨集馬蹶身仆賊以標鎗刺之中脇猶躍起格殺數人腸裂而死年三十四事聞奉旨賞予祭葬蔭一子世襲恩騎尉

齊召南傳

齊召南字次風又號息園天台人幼而穎敏讀書十行俱下年十

六文知府督學何世璂充博士弟子貢入京師中

雍正十一年督臣程元章以鴻博薦授翰林院庶吉士改檢討時

天子方右文稽古凡館中纂修之役如大清一統志明史綱目

武英殿勘校經史諸總裁悉以委之蓋召南於學無不博自

天文律以至山川疆域險阻要隘瞭若指掌而又深知古今治亂

得失通習掌故於經則通漢唐以來諸家之郵於史則兼涑水紫

陽之義法其經進之書皆蒙嘉賞而論進劉子則尤似真

西山大學衍義文字非尋章摘句之士所能及也旋以

御試高等遷侍講學士加日講起注官充戊辰會試同考官

上書房行走再遷內閣學士禮部右侍郎清癯短身而須

朴之氣溢于眉宇能宏搜博覽記性過人上於寧古塔得古
鏡未詳款式問朝臣莫有對者引證書史縷具奏上大悦
顧左右曰是不愧為博學鴻詞矣國家疆域恢宏烏喇巴哈俱
置候尉又新開伊犁諸臣奉使者輒先詣家問路與一
冊某堠某驛應宿何所需若干糧數萬里外若掌上螺紋毫忽
無訛或問曾出塞乎曰未也然則何由知之曰不過漢書地里志
熟耳問之讀漢書者卒亦不解總督常在上前譽天台
石梁之奇上問曰莫若硯石梁不足以勞聖駕人笑其奏對率
易上以幽溢重之四年四月從上書房歸澄懷園
馬驚大石上腦漿流情不起上命家古醫
劊生牛腹臥其中又取牛腦乘熱納額左右始蘇當是
時上方嚮用遣皇子及中使問病者不絶於道又数月病

少痊步猶蹣跚頗忘所記書不能握筆又心念老母乞回籍終養
上慰留再四然後許之還浙後掌教蕺山敷文兩書院　上三
次南巡　召力疾迎　駕皆召見賞賜優渥先是　族之子周華
者素不良　訓誨不悛逋海外三十餘年忽回浙撫熊學鵬巡城
遮　獻所著逆書不法詞涉　以是下刑部獄　上誅周華赦
削職歸里　身受　特達之知方恨無涓埃報而怪民妖言
乃出自近族悔平時教敕無素又隱忍不先舉發以致惡彰於天
自問雖九死罪固當而　上復屈法活之恩愈重愧憤愈深結轖
不已路上疾暴作還家幣月竟以不起年六十六時乾隆三十三
年五月　也嘗言酈道元水經注　於西北闕于東南特
撰水道提綱三十卷又歷代帝王表十三卷後漢公卿表一卷
修官書則一統志明史綱目續文獻通攷禮記漢書攷證皆所纂

其文操筆立就，晚善集內李杜韓蘇若出一手。
也。異稟，目炯炯能矚一二十里許。嘗登杭州之鳳凰山，視
隔江西興渡人，歷歷可辨。又嘗於
數有古篆籀……天然圖章，為文鈐……精術數之學，方技
卜其紀名人和者甚眾……南末
之前一年，筮易遇矢，後事以語其子，既而皆驗。

任應烈傳

任應烈字武承（一字處泉）家世山陰自王甫大廣為杭贅婿遂籍錢塘考諱相潛德不耀生三子君其次也以後其伯兄因生而穎異為文與衍深曲善體物情既冠試於有司冠其儕偶學使錄入郡庠旋食[illegible][illegible]廩歲己酉舉於鄉明年成進士改庶常散館授編修充一統志纂修官書成晉一級兩掌院以人才薦出守河南之懷慶[illegible]精於心計民畏而吏不敢欺尤以振興人文為己任於懷仁書院中拔其尤者數人親經指授莫不得[illegible]以去風氣日上懷屬七邑幅員不廣而文章為豫省之冠孟縣為韓昌黎故里其子孫向無博士[illegible]創議上大吏請於朝得蒙俞[illegible]允昌黎之後有五經博士實自[illegible]發之歲己未以本生父憂歸里服闋補南陽守南陽地廣民悍號稱難治未入境聞鄧州唐縣民偶乘糧貴糾匪搶奪

即於途次遣經歷密授方略擒其渠魁餘釋不問一郡帖然北來
巨盜李會來宛勾黨刦奪頻聞甚至有闔室被殲者懸重賞購之
立置于法南陽之盜自此頓息上官廉其賢能諉以全省捕務雖
隔屬聽其節制前此未有也宛偶被水災單騎省視廬舍有衝泊
者概予修葺秋禾可補種者概予種粒向例賑務必先請而後行
君念宛距省六百餘里往返稽時則倒懸者無救先發而後聞災
黎得霑實惠大吏不以為專也豫藩趙城密奏請於河南南陽懷
慶等郡開礦飭下該撫查議中丞轉檄各屬皆礙藩伯面持論唯
阿君獨斷斷直抒所見略煤炭為日用所必需而計利究不甚
大趣之者諒不甚衆又脚價即鬬成本採取入山必不甚深稽查
嚴密自無聚衆藏奸之患若銀鉛等礦其為物也本不脛而走其
聚人也自不疾而速禁之且不能止况招之使來乎且豫省天野

豫省沃野千里非若滇粵等省山多地少本業不足謀生者可比即如南陽一郡見在務農之家大率人耕百畝此即盡驅斯民而農之尚覺地廣人稀田功鹵莽更分之使為礦徒趨利逐末其為本業之拋荒必多矣前明萬厤中河南巡按姚思仁條奏開採之弊有八現今形勢不必盡如所云而農桑失業一條其流弊古今則一也條議內開滇省邊地可開何以腹地轉多顧慮不思邊地僻處一隅遠方人諒難涉險而至若腹內即屬四通八達之衢其聚衆也較易而河南居天下之中又偪近畿輔似更不宜輕為嘗試且銀鉛有無衰旺都不可知貪不可知之利役本業之民而或至釀成意外之虞此固事之不得不為鰓鰓過慮者也即據此議覆奏事得寢計典膺卓異之薦奉旨回任候升例晉按察使副使旋奉本生母諱居廬買宅山陰道上宋陸務觀快閣遺迹在

馬搆傑閣三楹以復舊觀課耕教子使有終焉之志越中後進皆
從受業合鄉先生之仕而已者傚香山洛社故事爲娛老之會飲
酒賦詩歌詠太平聞者豔之同年孫宫允顧齋掌教蕺山移家至
越旋捐舘舍遺孤才十一齡耳[illegible]首捌買田之議與娛老會諸公
先後佽助延師課讀歲議給脩月議給米遺孤未冠即列膠庠忘
其羈旅之苦也君精神矍鑠每來湖上健於登陟近得痰飲之證
兩月前處分未了之事手書寄余願以一言傳其身後飾巾待期
神明湛定竟以九月十日卒距時乾隆太歲在戊子也生於康
熙癸酉九月十二日壽七十有六初授中憲大夫配杜氏例贈
恭人先卒子男子五長伊太學生先卒次仁太學生皆恭人出繼
室以胡生傑會稽諸生次倕次備子女子三乾隆戊午科舉人孫
洄紹興府庠生聞人葵太學生汪墀其婿也孫七法祖衍祖褱祖

纘祖詠祖秉祖慰祖壽藏在會稽之儲墅君所自卜也臘月六日
庚申諸孤將穿杜恭人墓合葬復理遺命前來乞銘銘曰
君之生也與吾爲文章道義之友及其没也鄭重而申久要之言
平生風義宜哭寢門病跰躚而鑑井幸吾舌之尚存件繫君之行
事亟感許我訣盪吽九閽木葉下兮空山昏吹簫鳴咽開幽窀灼
楚焞兮筮襲及胖體合兮安且敦完吾責於後死徯士友之討論

湯聘傳

湯聘字莘來號稼堂曾祖□□□□杭州遂隷籍仁和乾隆□成進士□□□部考功司主事歷員外郎中閱□□□轉御史遇事敢言奏請貧民零鹽毋許兵役需索其略曰貧民挑鹽易米顧有定數原不在禁捕之例蘇浙官商設有常捕私役碁布星羅遇大𣪍梟匪無多袖手一遇擔負數十斤之貧民輒借端詐索甚或攘為已有此等貧民類皆典貸為資家有老羸屋多孩穉嗷嗷待哺而竟絕食於惡捕之手非所以恤窮民廣生計也又言各省濱水之鄉民多以漁業為貴力不多獲資無窮此天地自然之美利宜聽民自便毋任胥役借端索規奏上高宗為惻然下部議可又奏請嚴□□□□奉旨允行河決奏命由徐州相度地勢開引河殺水勢回奏稱旨賜表裏書籍充順天鄉試同考官

轉刑科給事中巡視中城言部務當公同詳覈不宜挾私見疏凡千言奏｜硃批湯聘所奏頗知大體照所議施行陝西鄉試事竣奉命提督江西學政所得士如彭元瑞戴第元王士棻等後皆以文學受｜恩遇授湖南辰沅永靖道湖南布政使服闋南巡迎鑾問家有老親否以繼母樓氏對遂泣言母歸臣父時臣年纔十四｜上曰撫養亦自不易時已授陝西按察使｜特命改江西布政使俾得迎養已擢湖撫歸州張洪順巨猾也夾訊十五年七月疏稱重犯脫逃例應無分疆界出差廣緝惟是差票出境承緝正役每倩人代緝幫役藉票勒索並有偽造印票捏稱官差所至州縣呈票挂號各地方官隨意蓋印混假為真每致要犯聞信匿跡請嗣後不得濫給印票先將該犯年貌案由並僉差名數一面詳明督撫移咨各省一面改用通關給差密緝如有蹤跡即將關文呈報該地方官添

差拏解如緝無蹤跡即投換回文以為憑驗儻有濫給印票及差雇幫役藉端勒詐而所至有司不實心協緝與僉差不慎之承緝官均照例分別議處治罪允十二月巡撫阿思哈受餽事覺聘以違例餽送應緣坐褫職部議上諭曰該撫簠簋不飭致屬員有意逢迎罪在阿思哈一人湯聘著革職從寬留任二十六年五月奏言查例載同謀共毆人致死者以致命傷為重下手者絞餘人杖一百又同謀共毆殺人者當究明何傷致命以傷重者抵竊思兩人共毆傷者皆致命一至抵償一止杖責輕重懸殊而向來州縣祗以擬抵一犯解勘餘人取保易滋朦混請嗣後同謀共毆之餘人除無致命傷者仍照律辦理外如驗明傷痕皆致命身死者無論當時過後將先後下手之犯一併解審俟讞定發回該地方官取保下部議行八月授湖北巡撫二十七年四月請以亭前

鎮巡檢帶管驛務小里障巡檢兼理水利鑄給新印六月請以湖
北布政司照磨兼管驛鹽道庫大使事八月奏酌減湖北省鄉試
外簾官三員均如所請是月調江西巡撫十月奏甯州武靖甯安
進賢奉新新昌永甯德興萬載九州縣棚童逆因查察較密應試
者少應如學臣周煌所請改令歸籍考試從之先是湖北歸州
盜犯張洪琳行劫民人李作棋家經知州趙泰交禀詳按察使沈
作朋縱釋洪琳反坐趙泰交罪旋有趙啟賢以被盜具控盜首張
紅順與前案開釋之犯字音相同由接任知州秦鑅獲訊供即係
李作棋案內釋放之犯沈作朋堅護前非督撫亦置不復問二十
八年五月經刑部指駁命侍郎阿永阿往鞫得實時方任巡
撫亟未徹底根查又匿不奏報上責其徇庇革職罰修孝感縣
城隄各工二十九年十月工竣授湖南按察使三十年三月擢陝西

史布政使十一月再擢湖北巡撫三十一年二月調雲南

琚銳自任阻之不聽勸勒兵往又不聽果中計軍盡陷僨至聘檄提督李時升率兵赴援親駐永昌遣將出銅壁關提督出天馬關分道夾勦永昌城虛賊由間道越關距永昌僅數十里鎮將懼欲令民登陴守聘曰賊乘我虛不可示弱戒勿妄動賊不敢犯事聞

上震怒協辦理應琚以失機獲罪命聘巡撫貴州而以明瑞代應琚四月聘自陳前在永昌緬匪一案絲毫不能贊理及賊

衅滋擾整賫復不能先事豫防請交部嚴議得旨湯聘本一庸懦書生軍旅非其所嫻但伊駐劄永昌日久目擊楊應琚種種乖張欺飾並未據實入告徇隱之咎斷無可辭著交部嚴加議處至湯聘之罪自不同楊應琚內地無事處尚可循分供職仍著即赴貴州新任五月諭曰楊應琚辦理緬匪一案種種乖謬湯聘從前並未奏聞朕以軍營之事湯聘或未能深悉尚可不加深責今據明瑞奏到李時升呈出書札稾本於此事前後情形無一不告知湯聘則楊應琚僨事乖方之處詳悉備知竟爾扶同諱飾匿不上聞封疆大吏敢於瞻徇蒙蔽若此其心實不可問湯聘著革職拏交刑部治罪又諭曰閱李時升書稾則辦理緬匪一案皆經節次告知湯聘使湯聘接據李時升書札時即遀事陳奏則楊應琚欺罔情形朕得早為深悉亦可及時籌度何致伊等乖方僨事

若此直俟朕於萬里之外燭其僞妄節次指飭始行水落石出則湯聘負恩誤國之罪又可逭乎此而不嚴加懲治何以令各省督撫戒明比而儆欺飾但恐外間無識之徒或疑湯聘本無軍旅之寄何以與楊應琚一併拏問不知其蒙蔽隱飾之罪實由自取可將此宣諭中外知之尋擬斬十月朝審屆期得旨湯聘身為撫臣目擊總督楊應琚欺謾僨事並無一言入告自不得不加以重罪然湯聘不過一庸懦無能隨人俯仰之人耳使以他人處此亦未必不蹈其故轍其罪尚可量從末減命法司改入緩決以昭平允

三十四年三月卒著有稼堂漫稿

右國史館本傳

時方修石渠寶笈秘殿珠林西清古鑑諸書以邦達精于賞鑒命入內廷襄事

董邦達傳

董邦達浙江富陽人雍正元年拔貢經刑部尚書勵廷儀保舉

字孚存號東山

命在戶部七品小京官上行走七年鄉試中式十一年進士改庶吉士散館授編修乾隆三年六月充陝西鄉試正考官九月奏言陝西官卷額中六名今科卷數少祇遴中四名餘二名於民卷補中不敢濫取官生足額疏入報丨聞九年六月充日講起居注官尋授右中允十二月遷侍講十年遷侍讀學士十一年以與修明史綱目告成議敘紀錄三次十二年正月丨命南書房行走七月擢內閣學士九月丨皇清文穎告成議敘紀錄三次十月丁丑憂十三年九月丨諭曰內閣學士董邦達丁憂回籍將逾一年著照從前尚書梁詩正之例來京在內廷行走給與俸祿服闋時遇缺補用十五年補原官十六年三月充會試副考官十二月遷戶部

右侍郎十八年六月充江西鄉試正考官九月調工部右侍郎十九年九月充武會試正考官十二月以失察寶源局匠役竊銅奉旨降三級從寬留任二十二年九月調吏部右侍郎十月充經筵講官二十五年充武會試正考官二十六年遣祭中嶽嵩山及太昊伏羲氏諸陵二十七年遷都察院左都御史十二月晉工部尚書二十九年調禮部尚書三十一年正月復調工部尚書十月命紫禁城騎馬三十二年仍調禮部尚書三十三年因工部任內誤准浙江製造步兵鳥槍降一級留任三十四年五月以病奏請解任得旨董邦達年逾七旬衰病乞休自合引年之例但伊挈家久居京師既不能遽回本籍且禮部事務本不甚繁著加恩准其給假數月俾得安心調攝不必解任七月卒諭曰禮部尚書董邦達久直內廷奉職勤慎前以衰病乞休特加恩給假

邦達性易直和婉奉母孝
養備至年五十如嬰兒平生
[illegible]葉村初官翰林時[illegible]
三層閣内藏先德詩肆從
之遊者皆多為文章名家中
年積傳畫學殺楊報退則手
一編時花洗石洎如也善篆
隸書妙得古作畫出入宋元
諸家畢臻其勝奉敕所作
皆入藏石渠

調理以冀漸痊今聞溘逝深為軫惜應得卹典該部察例具奏又
諭董邦達病故所有伊前在禮工二部尚書任内應賠銀兩著
加恩寬免尋賜祭葬如例謚文恪邦達子誥繪事御製詩題詠
甚多嘉慶十二年三月諭曰高宗純皇帝實錄告成正總裁
大學士董誥前後在館八年始終其事允宜特加優獎董誥之父
尚書董邦達從前未經入祀賢良祠著加恩准其入祠子誥官至
文華殿大學士

右 國史館本傳

陳士璠傳

大科之開也際不世之遇待非常之人將以代王言備顧問從容殿陛滂歷坊局以儲異日槐鼎之用此聖主寤寐旁求之至意也吾同年一十五人錢塘陳君泉亭與無錫楊君勖齋皆以諸生起授庶常吉士踰年散館改官楊君知江西德興縣事蹉跎以死泉亭浮湛郎署又十餘年一麾出守守官以死死之日官無餘財繼配趙恭人伶俜孤苦挈二孤扶櫬歸里終喪而不克葬非慢也力不逮也埋幽之石礱而有待踰時閱歲孤子京始來告將以某年月日葬君於西谿某原余乃按其狀而表之曰君諱士璠字魯齋泉亭其號也陳氏系出潁川至宋南渡派分江西以信國文正公康伯為弋陽之始祖繼遷餘姚曰馬渚曰湘露曰者贅於錢塘還會城之後市街太平里六世祖學易萬厤癸未進士南京兵部

車駕司員外郎從祀鄉賢建祠於里自五世祖以至君考皆為郡
邑博士弟子祖考諱遇贈翰林院庶吉士考諱孚衷以君貴累贈
如其官三娶皆贈安人[illegible]吳恭人所出也君屢試高等為邑
增廣生十試不售雍正十二年制府[illegible]程[illegible]以博學鴻詞薦乾
隆元年十月試於保和殿拔十五人而君名在二等第七授翰林
院庶吉士散館改授戶部河南司額外主事河南省有鹽硝飛沙
河灘壓空等地畝千餘頃無業賠糧民人籲部請求豁免遞解回籍
者數矣君與同僚武定李[illegible]斟酌定稾力請竟從其議有佟姓家主
告發廣東駐防係其戶下冊檔研審有據同事受賄為之出脫君
以名分所係決然部斷旋被告發而臺嚴訊得實以營私治罪而
農部一官無恙實藉君持正之力有旗人仇家誣以先人係某姓
戶下遂致子孫不得仕宦君委曲詳勘立破其誣首人允服兩事

相反而不膠於一轍虛公處事君無成心也已而實授主事充戊
午科順天鄉試同考官辛酉副中允朱良裘典四川鄉試明年晋
江南司員外越四年晋福建司郎中君前任員外時江南司有雍
正十二年漂水等州縣被災其勘不成災區畝饑民例不加賑當
事以社穀及官紳捐米煮賑屢為推覈且欲報叅賑米四千餘石
著落原辦官追償接任者又以社穀原屬地方公輸儲備歉歲此
固向有諭旨仰體皇仁非動支正項可比況業已賑去官吏更易
何處責其償還一二苛細者謂既屬公捐即為公項堅執已見牢
不可破君力主銷案十四年釐案一旦掃除州縣得以免累君遇
事不辭難壹以清案牘豁拖累息事寧人不與同官立異亦不曲
徇工官為郎十一年出知江西瑞州府事以豈弟之心化刁頑之
俗修學宮葺橋梁復譙樓平米價次第舉行暇即與諸生講論文

藝士風興起中丞胡寶瑔雅相契重歎爲品高學邃積勞痁作移疾俟代而已不可爲矣時乾隆丙子閏九月□日也享年六十有七武僚屬以迨商賈士民遠近奔赴行哭失聲遺愛可徵

碑如一君初娶於張生二女一適同邑張慶增一適長洲王邦燮繼以趙生四子京國學生寅邑諸生三四皆殤銘曰

噫乎瑞州陳使君生有惠政州民云六尺豐碑高於墳下馬讀碑如我文

馮鈐傳

馮鈐浙江桐鄉人（字咸亦號柯堂）父景夏官刑部侍郎鈐乾隆二年進士授主事分吏部十年二月補主事四月遷員外郎十月擢郎中十一月授湖南道監察御史十二月奏除漕糧積弊得旨允行十四年授刑科給事中十五年提督福建學政十九年擢貴州貴西道二十一年九月遷按察使二十二年十一月調安徽按察使十二月遷山東布政使二十三年三月擢湖北巡撫四月調湖南巡撫六月因廣東倉平糶缺額兩廣總督陳宏謀奏准撥運楚南穀石鈐議撥常平倉溢穀四十萬石運赴粵東並請速為買補以充積貯如所議行七月以兩廣總督陳宏謀委員至衡郴湘潭等處買穀恐致民間米價昂貴奏請於長衡二府屬貯穀内照價即時撥給得旨嘉奬二十四年正月奏湖南長沙府屬之瀏陽縣向設巡檢

一員駐劄梅子園地方離縣止五十里該縣北鄉永安市離縣八十里民居稠密好勇健訟請將梅子園巡檢改移永安市更名永安市巡檢又寶慶府屬之武岡州向設州同一員並無專管政務查該州高沙市一鎮離城六十五里居民不下千戶商販絡繹雖隸該州蓼溪司巡檢巡查不足以資彈壓州同駐劄州城實屬閒曹若移駐高沙市一切俱歸該州同查防所有蓼溪司巡檢另行移駐查寶慶府屬邵陽縣之里田鋪離郡城七十里該地為赴省通衢人煙輻輳五方雜處若將武岡州屬之蓼溪巡檢移駐該縣里田鋪非惟賊匪等項可以稽查抑且該州縣解勘人犯亦得防範於地方均有裨益下部議行三月疏稱湖南為產米之鄉通省常平倉共存正額溢穀積至百四十餘萬石將來秋收穀賤本省再議採買陳陳相因而勢須撥協之鄰省無當需用之時又未能

即受協濟之益請於附近水次各屬常平倉穀動撥三十萬石運
赴江南平糶」諭曰據馮鈐奏請於湖南各屬常平倉存貯項下
動撥三十萬石委員運赴江南平糶協濟該省素稱產米之鄉值
茲米穀充裕酌盈劑虛鄰境封疆大吏辦理正應如是見在江省
米價甚平秋成亦屬有望尚非急需接濟之時然令米穀流通俾
各處倉儲充實於地方亦有裨益著傳諭尹繼善令其通盤熟計
該省情形應運至何處存貯以備撥用或不需撥用三十萬之多
即留一二十萬石其餘穀石另行碾米於明歲漕船北上時搭運
至京如果江南無需此項即全數運京亦可其自湖南運至江省
事宜即著尹繼善咨商馮鈐妥協辦理旋據兩江總督尹繼善奏
稱江省連年豐稔米價平減無庸平糶各屬倉糧亦上冬採買此
項米石尚非急需應遵」旨全數運京於明年江浙漕船搭運」

諭曰江南既無需用之米處所有湖南撥運穀石若必運至江省交兑存貯又於明歲漕船進京殊多輾轉著諭馮鈐將此項穀石即於本處碾米於今冬漕船起運時隨便搭解交通倉兑收自較簡便尋因湖南額設漕船不敷搭解鈐議將湖北漕船均勻搭配裝載起運得 旨允行會值浙省歉收浙江巡撫莊有恭奏請動撥公項銀兩委員赴江廣採買米石 上以楚省有應行搭運赴通米十五萬石 命就近兑交浙省委員領回備用又 諭曰據馮鈐所奏湖南常平倉尚多溢穀且有節年加買穀石若干楚省附近浙省水次各屬倉穀內再行酌撥一二十萬石合前運米石自足敷該省接濟之用而於產米本地民食市價均不相妨最為妥協該督撫等可即彼此會商以濟公事嗣因浙省止需二十萬石旋即照數兑交委員領運回浙四月奏湖南郴桂兩廠向計產

鉛十六萬斤近年出產漸微請於例買黔省白鉛二十萬斤外增
帶二十萬斤以備缺乏嗣後仍祇運常例之鉛毋庸加帶上允
之二十五年三月奏苗疆知府同知等缺向例五年俸滿題升嗣
請於五年俸滿後覈其政績可觀地方安謐者保題以升銜註冊
俟再滿三年即行升用但查苗疆人員既寬以八年之限向例祇
用附近應升之缺恐久任賢員轉不如腹地人員升遷之速請嗣
後苗疆應升之員無論附近及應題應選應請旨之缺俱准升
遷下部議行二十七年十月調廣西巡撫二十八年四月奏粵西
幹盧二廠開採年久出鉛漸少請令湖南仍買黔鉛不必赴粵西
購運至粵東一省需鉛無幾仍令赴買諭曰各省鼓鑄錢文並
需鉛斤應用該撫雖因該省廠鉛稀少奏停湖南採買而以同一
總督所轄之廣東則又仍聽購運未免意存畛域所奏殊未允協

且摺内稱將楚南二十八年所需白鉛二十萬斤停其買運是湖南需鉛即在本年此時諒已委員赴粵又豈可聽其徒手而回致誤該省鼓鑄耶著傳諭馮鈐與陳宏謀彼此會商通融籌辦將見在所存廠鉛酌量配給務令兩省鑄局均無貽誤至幹盧二廠見在出產無多或可於該廠之外設法相度再為開採使鉛斤益加充裕更為妥協尋奏稱粵西本省鉛局歲需白鉛及應備湖南廣東二省採買每年需得鉛七十萬斤方可源源接濟見在幹峒盧枷二廠開採年久所出遞年減少查二十七年湖南採買粵鉛委員甫於本年正月內自粵起程運回是湖南二十八年所需鉛斤尚可無須採買至廣東所需鑄鉛若令一併停買則須委員前赴漢口採買既覺路遠費繁為且數無多粵西尚有局鉛七十萬斤可以緩買見接准湖南巡撫陳宏謀稱湖南鑄局尚有積存白

鉛一百五萬八千餘斤可供三年之用本省尚有可開之礦自此以後不須採買粤鉛二十八年買鉛之員尚未起程等語除將廣東所需鉛斤仍照原奏令其赴買並飭各廠員加意督率廠工人等盡力開採毋得透漏以冀礦砂復旺並令該府縣相度形勢於該廠之外另尋砂苗設法開採報聞八月奏廣西潯州府屬之貴縣桂平二縣額糧撥解左江鎮標協營兵食向俱係煮熟穀米緣該二縣地氣潮溼生米貯倉一經夏月易於黴蛀但穀經煮熟米必味淡力薄自不若生米之力足而味甘請將貴縣桂平自本年為始照各屬一律改徵生米民情亦便從之三十年三月調湖南巡撫十一月調安徽巡撫三十一年十二月奏安徽廬州府屬合肥縣為南北通衢一切解餉解犯絡繹不絕委護員弁有顧此失彼之虞請將廬州府照磨移駐合肥縣之梁園地方其照磨

事務歸府經辦理尋部議裁照磨改設巡檢一員駐劄梁園｜｜從
之三十二年十月奏常平倉穀遇有動用例應隨時買補安徽一
省自乾隆二十六年後節次災賑動用及蠲免民欠口糧籽種共
缺額十六餘萬石除買補外尚缺五十萬石本年潁州府屬秋收豐
稔已撥司庫銀分發各州縣採買查本年安省沿江地方間有偏
災未經遇水各屬仍屬豐收見在含山縣之運漕桐城縣之三河
各鎮米穀聚集價值平減未便因偶有成災拘泥停買得｜旨嘉
獎三十四年二月｜諭曰據馮鈐疏參太和縣知縣郭世誼將重
價購買之妾餽送幕友史緯義而史緯義即係該管之潁州府知
府史魯璠之族叔該縣巧為逢迎該府有意徇庇業經降旨一併
革職嚴審究擬並諭馮鈐據實查辦又｜諭曰馮鈐題參太和縣
知縣郭世誼蕩檢不職該管之潁州府知府史魯璠縱庇劣員一

疏史魯璠身為方面大員乃令族叔在所屬署中作幕是其上下
通同逢迎挾制諸弊皆所不免此等惡風斷不可不嚴加懲治該
撫馮鈐平日豈毫無聞見何竟不早為叅處直待史魯璠告病詳
請解任後始以一叅塞責外省徇庇屬員陋習每遇劣跡彰著尚
欲為之設法瓦全即或知其事萬難掩覆不得已始以一挂彈章
藉名整飭而其實不過隱售化大為小化有為無之術此等伎倆
豈能施之朕前馮鈐辦理此案有意取巧故於事後糾彈藉以掩
其前此袒庇之咎此而不加以嚴懲則督撫等益以漠視察吏為
得計誰復知所警畏馮鈐著交部嚴加議處復詔解任聽候部
議旋議革職發往軍臺效力尋贖罪回籍三十五年八月恭遇
六旬萬壽鈐赴闕祝嘏特與按察使銜十一月卒

右國史館本傳

陳兆崙傳

陳兆崙浙江錢塘人字星齋號句山幼聰慧七歲就傅日誦書百餘行輙通曉大義年十五畢十三經旁涉子史博聞强識當時無比雍正八年進士以知縣需次福建閩浙總督郝玉麟器之延主鼇峯講席兼領通志局事十三年薦舉博學鴻詞科比入都適内閣中書懸缺例得入試以一等一名授中書兼撰文充軍機章京乾隆元年舉博學鴻詞科試列二等授翰林院檢討二年充丨世宗憲皇帝實錄館校對六年充湖北鄉試正考官七年充丨日講起居注官纂充丨大清會典明紀綱目續文獻通考纂脩官十七年二月丨上御經筵以撰擬講義稱丨旨擢左春坊左中允六月丨大考二等一名擢翰林院侍讀學士十六年遷太僕寺卿充續文獻通考總裁十九年擢順天府府尹歲值大水所在告災兆崙心計指畫撫綏

安集無不得所邀輔役繁舊設官車力疲敝議簽富户以代兆畚
奏罷之咸以為便時西路出師徵發禁旅與索倫兵兆畚經畫宿
頓儲蓄井井有緒軍民晏然二十一年遷太常寺卿二十三年
上謁陵迴鑾以同官迎駕失儀降太常寺少卿尋命入
直上書房遷通政使司副使三十二年復授太僕寺卿前後恭
和聖製恭進詩文屢拜御製御書籍書硯墨文綺豐貂之
賜三十三年乞假歸三十五年假滿仍直上書房三十六年
卒年七十有二兆畚精六書之學尤長經義於易書禮均有論述
不專主一家其為詩文不以氣短才不以詞害志醇古澹泊清遠
閒放適如心所欲出著有紫竹山房文集二十卷詩集十二卷

邵大業傳
君[illegible]大業字在中號厚菴別號思餘[illegible]邵[illegible]宋[illegible]節先[illegible]後[illegible]康
[illegible]孫徽猷閣待制溥秘書省校書郎博從高宗南渡家於越之會
稽士世[illegible]都巡[illegible]遷餘姚[illegible]都巡以下又二十[illegible]世至君祖諱
東徵禮部會同館大使[illegible]汝楫官天津遊擊遂居京師著籍為
大興人君考諱琮康熙丙子科舉人四川大竹縣知縣兩世[illegible]
中憲大夫河南開封府知府妣胡氏贈恭人君為大竹公仲[illegible]生
有異稟目能於十步外辨粟米大字書再覽即不忘為文操紙筆
立就雍正癸巳年十四補學官弟子旋餼於[illegible]廩壬子領京兆榜
明年以春秋魁其房[illegible]文聲藹鬱至是益噪諸公卿爭禮致[illegible]
君無所[illegible]張文和公座主也[illegible]未嘗有[illegible]於公[illegible]心重[illegible]再舉
再不用卒歸部為選人[illegible]為人強正有節概寬中和物守義達志

樂清勤自刻削不習媚有立於世卒亦坐是謫塞外乾隆初

元龍肆內長出為黃陂令下車投訟牒者數百人立不移晷決

遣立盡吏民一見問姓名後無不識者人比之張睢陽衆莫敢弄

以事聽訟務以誠格事刑威鉤致有爭產者兄弟皆頒白貌絕相

類令以鏡鏡面問曰類乎曰類則進與語絕痛君亦不覺自淚下

且曰吾新喪弟獨不得如爾二人白首相保也嗚咽至不能語各

相視涕泣罷去縣有溪環城蛟雨溪漲崩隄嚙城城壞勢且潰君

即壞處泣拜誓以殉水為驟止拯溺餓完毀岸築民隄民得無以

水死旱禱不應則為文焚告城隍神雨立沛民得無以旱死禁民

捨身於木蘭山之捨身崖民得無以愚死凡五年制府室德以

賢上以其名上聞會丁父憂去其服除而吏河南也權開封府

同知收土豪號木耳大王者杖殺之授禹州移睢州均治如黃陂

睢頻澇君破匿報冐請糶請借請賑皆得之他郡亦得請如睢州
民以不饑濬惠濟河以俸吏直民悅立石紀之凡四年無遠近皆
名君曰邵父當是時江南蘇州旱米價昂民告於守守告大吏不
省民譁於市於是法譁者而奪守官民困甚乃陳君守蘇州至則
盡得囤積罔利持價使不得平者名召集與為家人語皆心動曰
惟命則出酒食彩帛勞遣之價頓減民怗怗無危心君為治篤誠
信款寬大絕餽遺簡酬接嚴職司清獄本終身守是道不變至是
益振剔劬躬盡勑莫不徯應松江舊獲二十餘盜轇轕互引獄無
主名多瘐斃者則以屬之君立服羣盜至則皆斷脛拼踝腥櫼螢
鼻君戲然呼之曰爾輩亦人子也迫於饑寒偶一試而習為之遂
至是猶茹刑詭辭顛倒首從誣殺非罪人且誣殺人何益於爾語
未竟有魁然者仰首曰公猶以人類人類待我耶公廉正不忍

欺公公速命吏具紙筆即起跪呼其黨曰吾等今日結案也一日
而獄具由是獄無不待治於君者時兼攝蘇松兵備道俄而攝
藩司事制府黃公撫軍雅公交倚重君首薦部議格不行乾隆十六年
今上初幸江南成憲解攄屬君條具列上頒行之御舟左
右分兩岸挽行名蝦鬚縴君語嚮道大臣曰除道增縴則必毀廬
舍平田塍伐桑柘梁支河塞汊港若此非所以宣上德意也遂
改單黃縴欲移君守江甯雅公不許黃疑君為雅私人忌者乘
之會積雨治吳江帳殿基未就黃慮不及事且得罪豫以觀望
劾君至則供備咸具上悅黃亦悔然卒以是左官去於是君再
至河南撫軍鄂公熟知君先以光州待君俄而特授開封民
習知君而鄂公又深相愛重君謂可盡出所有以自効未幾而鄂
去豫豫瀕河多灘地有陽武祥符民合控封邱吏因村民侵占者

腴

及清丈侵占妄而畝數則浮於額撫軍欲照欺隱加賦某持不可顧無解於數之浮考志乘及諸舊牘始知豫省原分上中下三則自萬歷間改并中地十畝有奇完上地糧七畝下地十畝有奇完上地三畝畝數浮而糧不減曰得之矣陳之撫軍撫軍曰昔為下則今則膏腴如之何不加某曰公以此為膏腴乎是河衝淤積百姓以墳墓田廬父母妻子所易之微利奈何以為膏腴而爭之且今可為退灘淤地異日即可為沙壓水衝冬春播種夏秋之收穫未可知況此村向稱瘠苦鶉衣鵠面十室九空加以上年河決正當十三堡口門之衝屋宇未盡葺流亡未盡復議賑議借苟得延命舊賦已艱復增歲額其何以堪撫軍作色曰是國計所在誰敢撓之某曰公為國計某為民生民生即國計也撫軍怒甚某起趨出撫軍屬藩司富諭曰吾將劾之某問能當得否某曰以撫軍劾一

守何云可當況某蒙皇上棄瑕録用若復被劾更不可當特不知所劾何事耳曰即封邱事君曰如此則某當得矣富愕然君曰某被罪不過一人之身家流離失所彼桑户棬樞蓬頭歷齒者獨非身家乎以某一人殉千萬人何不可當之有且强行之恐興大獄富竦然問故君曰加課封邱封邱人無如何也必歸怨控者毆擊以洩忿控者必多其黨以相鬭鬭則官必禁壓禁壓不止則必速究從此抗官聚衆之事起矣且汲汲欲以此為功部議亦未必即行也不聽卒以加賦請部議試種三年乃加額次年盡沒入水乃寢未幾以陽武工漫溢復左官於是君復至江南知六安州歲餘民户書官清民安四字於門駕南幸治江甯行宫明年潁亳水利興一以委君自經始訖終事民忘其勞尋以緝盜例議降去六安初六安有祠祀明六安牧趙湖者君族之先

世也君為葺祠置祀田君去民謳思之即祀君為生祠引一見再還江南權知江甯府一駕南幸徐州為入境首程守敎吏替事多廢闕乃以君攝郡事一駕至即真授初一上發帑治徐水利為久計民免墊溺君請疏溝濬渠工不閒歲必躬必勤毋飭毋怠庶可保前勞弭後患勖已卒下用是為先務其宣洩規畫所在多有今民所號邵公河者此其一也黃河自豫直下至韓家山折而東薄城西勢如建瓴由是而北而東環城三面水漲濤起吹地欲裂城中人仰視帆檣如在屋上驚走駭亂户不帖席顧東北循軌直下西北則斜當其衝雖有重隄獨恃韓家山埽工為固失固則破竹之勢成矣君按視得蘇公舊隄於城西起雲龍山迄城北月隄脩約三里湮為民居君曰此力請於大吏卒復其舊隄建蘇公祠置田夾植桃柳自為文記之越歲韓家山工幾潰已而西門大

隄又幾潰民皆恃此以無恐越十歲　上命開荊山橋河大吏以君習於事令專之河成　相國高公為河帥設讌落之親酌酒以贊於君治徐七年雖間有水患而民不災無蝗害至今誦之戊子春君循例引見還道聞訛言妖匪割辮事至即生是落職謫戍軍臺遂不復用卒時辛卯四月九日也年六十有二　上四幸江南君皆躬遇凡賜朝珠者一貂幣者二又賜武金牌者一則以旌靈巖山救火功也　名對者三文集中有恭紀天語一則記上初幸顧問語也君所至以勸學為務因黄陂二程子祠創義學葺睢州洛學書院集生徒月課之率親為之師得其指畫者輒獲售戊午君分校楚闈黄陂售者七人君得士五其一人即邑人自後科第不絶咸歸德於君云君事親孝為諸生以文學為養既仕以清慎勤三字為養大竹公亦忻然忘其貧也親歿卜兆形家

言其利於仲伯欲改卜君曰利伯猶利仲也何害遂葬伯季並先
殁愛其子逾已子嘗自笑曰此亦第五倫之用心耶在官廉俸外
不名一錢削衣貶食型家訓後輒輒不少假而族黨交戚之貧而
歸君者如其家食常二千指其諸櫝死藏幽出危綿絶力靡不為
之盡君謫各散去多失所著解音善奕能琴書而尤獨嗜書公
暇未嘗去手晚治古文有唐法詩俊爽自有集在塞外著讀易偶
存八卷春秋表竟而卒皆未刻其刻者制義恒為真吾二集也
君配胡氏繼其娣亦前卒側室施陸顧子男十存者九自昌乾隆
庚辰舉人内閣中書改戊進士翰林院庶吉士自華己卯舉人任
邱縣訓導嗣季父某後自榮候選州同知自悦壬午舉人昌同榜
進士禮部主事自中自和自本自彭自巽皆能業其家女六人皆
適士人　舊史氏曰宗室德公嘗撫其座謂君曰君學問治行皆

第一當以此屬君然吾所期於君者非僅在是嗚呼此可以知君
矣德公天下學者所稱德夫子者是也後嗣封爲簡親王

杭世駿傳

杭世駿字大宗堇浦仁和人少負異才於學無所不貫所藏書擁揭積几不下數萬卷枕藉其中目睇手纂幾忘晨夕與同里厲鶚陳兆崙汪大坤梁啟心張熷龔鑑嚴遂諸名輩結讀書社舉雍正甲辰鄉試受聘為福建同考官乾隆元年召試鴻詞授編修校勘武英殿十三經二十四史纂修三禮義疏世駿博聞強記如懸河時方譔漢負重名先生獨侃侃與辨譔漢亦遜避之有先達以經學相質一覽曰某說見某書某集拾唾何為學子有請益者聞其所業以一經對則以經詰之復以一史對則以史詰之皆窮乃曰某於西晉末十六國事差能詳耳先生曰汝知是時有慕容垂乎垂長若干尺得年幾何其人赧沮去以此頗叢忌

第一當以此屬君然吾所期於君者非僅在是嗚呼此可以知君
矣德公天下學者所稱德夫子者是也後嗣封為簡親王

杭世駿傳

杭世駿字大宗董浦仁和人少負異才於學無所不貫所藏書擁擶積几不下數萬卷枕藉其中目睇手纂幾忘晨夕與同里厲鶚陳兆崙汪大坤梁啓心張熠龔鑑嚴遂諸名輩結讀書社舉雍正甲辰鄉試受聘爲福建同考官乾隆元年召試鴻詞授編修校勘武英殿十三經二十四史纂修三禮義疏世駿博聞强記如懸河時方講漢學負重名世駿獨侃侃與辨論亦遜避之有先達以經學相質一覽曰某說見某書某集拾唾何爲學子有請益者聞其所業以一經對則以經詰之復以一史對則以史詰之皆窮乃曰某於西晉末十六國事差能詳耳世駿曰汝知是時有慕容垂乎垂長若干尺得年幾何其人瞠沮去以此頗叢忌嫉八年會有詔求直言世駿於考御史時策議四事上覽怒

乾隆十年二月上諭昨因考選御史試以時務策杭世駿策稱意見
不可先設畛域不可太分滿洲才賢雖多較之漢人僅什之三四天下
巡撫尚滿漢參半總督則漢人無一焉何内滿而外漢也三江兩浙
天下人才淵藪邊陲之士間出者無幾今則果於用邊省之人不計
其才不計其操履不計其資俸而十年不調者皆江浙之人豈非
有意見畛域等語國家選舉人才量能器使隨時制宜自古立
賢無方乃帝王用人之要道滿漢遠邇皆朕臣工朕為一體朕從
無歧視若如杭世駿之論必分別滿洲漢人又於漢人之中分別江
浙邊省是乃設意見分畛域之甚者何所見之悖謬至此況即以見
在而論漢大學士三缺江南居其一浙江居其二漢尚書六缺江南
居其三侍郎内之江浙人則無部無之此又豈朕存畛域之見偏用
江浙之人乎至於用人之際南人多而間用北人北人多而又間用南

杭世駿傳

杭世駿字大宗堇浦號仁和人少負異才於學無所不貫所藏書擁揭積几不下數萬卷枕藉其中目睇手纂幾忘晨夕與同里厲鶚陳兆崙汪大坤梁啓心張熷龔鑑嚴遂諸名輩結讀書社舉雍正甲辰鄉試乾隆元年召試鴻詞授編修校勘武英殿十三經二十四史纂修三禮義疏世駿博聞強記如懸河時方負重名獨侃侃與辯亦遜避之有先達以經學相質一覽曰某說見某書某集拾唾何為學子有請益者聞其所業以一經對則以經詁之復以一史對則以史詁之皆窮乃曰某於西晋末十六國事差能詳耳曰汝知是時有慕容垂乎垂長若干尺得年幾何其人慙沮去以此頗叢忌嫉八年會有詔求直言世駿於考御史時策議四事上震怒

乾隆八年二月諭昨因考選御史試以時務策杭世駿策稿竟見不可先設畛域不可太分滿洲才賢雖多較之漢人僅什之三四天下

巡撫尚滿漢參半，總督則漢人無一焉，何內滿而外漢也？三江兩浙天下人才淵藪，邊隅之士間出者無幾，今則果於用邊省之人，不計其才，不計其操履，不計其資俸，而十年不調者皆江浙之人，豈非有意見畛域等語。國家選舉人才，量能器使，隨時制宜，自古立賢無方，乃帝王用人之要道。滿漢遠邇皆朕臣工，朕爲一體，朕從無歧視。若如杭世駿之論，必分別滿洲漢人，又於漢人之中分別江浙邊省，是乃設意見分畛域之甚者，何所見之悖謬至此！况匪以見在而論，漢大學士三缺，江南居其一，浙江居其二；漢尚書六缺，江南居其三；侍郎內之江浙人則無部無之，此又豈朕存畛域之見偏用江浙之人乎？至於用人之際，南人多而間用北人，北人多而又間用南人；督撫之中有時滿多於漢，或有時漢又多於滿，惟其才不惟其地，亦因其地復量其才，此中裁成進退權衡，皆出自朕心，即左右大臣亦不得參與，况微末無知之小臣乎？且國家教養百年，滿洲人才輩出，何事不及漢人？杭世駿獨非本朝臣子乎？而懷挾私心，敢於輕視若此，若稍知忠愛之義者，必不肯出此也。杭世駿著交部嚴

察議。尋革職

天下督撫漢人參半是四事已行其一也其論直省藩庫宜有餘款存留以備不虞亦篤論然削藁其語多不傳罷歸杜門奉母自號秦亭老民偕里中耆舊及方外友結南屏詩社後迎｜駕湖上｜賜復原官性通脫不事修飾主粤秀安定兩書院最久好奬借後進自言吾經學不如吳東壁史學不如全謝山詩學不如厲樊榭特嗜先生作嘗集蘇詩及先生詩為一卷題曰蘇杭集句著有禮例續禮記集説石經攷異續方言史記攷異漢書疏證補晉書傳贊北齊書疏證經史質疑詞科掌錄榕城詩話桂堂詩話兩浙經籍志續經籍攷道古堂詩文集晚年補金史特搆補史亭成書百餘卷嘗賦方鏡詩二十四首傳誦輦下和者自王公卿相至方外閨秀幾數千家卒於乾隆三十七年年七十七

乾隆八年二月壬午諭昨因考選御史試以時務策杭世駿策稱意見不可先設畛域不可太分滿洲才賢雖多較之漢人僅什之三四天下巡撫尚滿漢參半總督則漢人無一焉何內滿而外漢也三江兩浙天下人才淵藪邊陽之士間出者無幾今則果於用邊省之人不計其才不計其操履不計其資倖而十年不調者皆江浙之人豈非有意見畛域等語國家選舉人才量能器使隨時制宜自古立賢無方乃帝王用人之要道滿漢遠邇皆朕臣工朕為一體朕從無歧視若如杭世駿之論必分別滿洲漢人又於漢人之中分別江浙邊省是乃設意見分畛域之甚者何所見之悖謬至此況正以見在而論漢大學士三缺江南居其一浙江居其二漢尚書六缺江南居其三侍郎內之江浙人則無部無之此又豈朕存畛域之見偏用江浙之人乎至於用人之際南人多而間用北人北人多而又間用南

沈廷芳傳

沈廷芳字畹叔號椒園仁和人本徐姓父元滄為舅氏嗣遂從其姓幼讀楊忠愍傳慕其為人外祖查昇奇之文昌坐譴戍甯夏母留居嘉善每歲南北省覲極行路之苦大學士高斌總督南河參其幕事斌熟宋儒書廷芳習聞之因有志勵學至京師以國子生充一統志校錄乾隆元年兵部侍郎楊汝穀薦舉博學鴻詞試二等改庶吉士授編修遷山東道監察御史遇事直言以古諫臣自勵奏毀明太監王振像仆英宗李賢二碑聞淮徐鳳泗等府連年饑請於常賑外發常平倉穀賑卹并加賑直隸山東浙江甘肅之被偏災者請各免關米豆稅禁海洋採販議屯牧邊庭時連歲東南米貴暫停採買奏以貯漕抵補備平糶賑濟之需故尚書彭維新起為侍郎劾罷之俄坐言事不當免

年補江南道巡漕山東兼理河務凡河漕政務及民隱皆入告
十年二月視運河小挑工程東平州民遮道言原圈安湖地奉
旨給予貧民墾種而豪強侵佔並有衍聖公蠶鴨五全兩廠地三
百一十九頃奏言原圈之地割出十分之二以給貧民衍聖公三
百頃地並請全給湖旁貧戶戶部議酌量分給十一年請以宋臣
謝枋得於憫忠寺立祠設祭涿州雨水時請加恩直隸被水窮
民俱報可於兗州建祠祀唐杜甫自為文刻石紀之其詞甚美由
巡東漕歲旱步禱龍王城隍神雨立至以山東比歲告饑躍
屢截漕加振恐民氣未紓奏於南漕抵山東時更截留六十萬石
又奉命隨大學士高斌查辦山東振務分理兗沂東昌
泰安五府城市窮鄉莫不親履條理精密吏不能欺五月閱青苗
七月勘水災故事山東巡漕御史率於六月回道至是於九月始
復命云為御史前後六年凡有屬草輒閉齋戒如對明神
憂勤忠愛之心發於顏色溢於毫楮其言體事達情曲折盡意

貌清古秀削身裁及中人與人才言恂然若不能盡及當事執持
康直自將雖賁育無以過也

僕役或因為奸利至勒石為約悉革其弊內當積荒之後人
士流離率屬醵養廉數千兩招集逃亡給本錢使復其業數
年戶口充實所墾田皆大熟置涌澤園募人收掩田境遺骼小清
河自新城孝婦河以東經高苑入青州境屈曲三百餘里至壽光
入海河遍淤狹夏秋山水暴發高苑博興樂安諸縣田廬累經漂
沒公相水勢濬馬車瀆口以上某千某百丈相地勢增築隄堰水
康里縣民以無恐萊州老儒高趨法坤厚毛贄並晦名樂道不涉
世流公競造其廬待以賓師之禮相與蒐訪舊聞考訂學業由是
人知所矜式暇日以一騎入村落巡行稼穡問民所苦即田間集
父老子弟而教語之或以村酒果餌進欣然食之至盡既久所

十二年三月[illegible]
御試[illegible]
再命

年補江南道巡漕山東兼理河務河漕政務及民隱皆入告
十年二月視運河小挑工程東平州民遮道言原圈安湖地奉
旨給予貧民墾種而豪强侵佔並有衍聖公鴛鴨五全兩廠地三
百一十九頃奏言原圈之地割出十分之二以給貧民衍聖公三
百頃地並請全給湖旁貧戶戶部議酌量分給十一年請以宋臣
謝枋得於憫忠寺立祠設祭涿州雨水[illegible]時請加恩直隸被水窮
民俱報可於兗州建祠祀唐杜甫自為文刻石紀之其詞甚美
巡東漕歲旱步禱龍王城隍神雨立至[illegible]以山東比歲告饑雖
屢截漕加振恐民氣未紓奏於南漕撥山東倖吏民留六十萬石

並勘
加撫

斁者世罔莫得而知也尋轉分巡山東登萊青道布政使司參議舊
時為吏者飲食百貨之用取諸市予價恆十之五謂之官價賓客
僕役或因為奸利至勒石為約悉革其弊內當積荒之後人
士流離率屬釀養廉數千兩招集逃亡給本錢使復其業數
年戶口充實所墾田皆大熟置漏澤園募人收掩田境遺骼小清
河自新城孝婦河以東經高苑入青州境屈曲三百餘里至壽光
入海河道淤狹夏秋山水暴發高苑博興樂安諸縣田廬累經漂
沒相水勢瀦馬車瀆口以上某千某百丈相地勢增築隄堰水
患乃除民以無恐萊州老儒高趍法坤學毛贄並晦名樂道不涉
世流竟造其廬待以賓師之禮相與蒐訪舊聞考訂學業由是
人知所務式暇日以一騎入村落巡行稼穡問民所苦即田間集
父老子弟而教語之或以村酒果餌進欣然食之至盡既久所

秉白馬[illegible]識之見策白馬度陌則喜相告曰使君至矣故共
言先是時陳[illegible]鵬年在江寧陸[illegible]在嘉定固皆如是
國朝百餘年來[illegible]三人而已遷河南按察使祥符民有淫人
之婦而殺其夫者既乃以語婦婦告其夫之妹使訟之官有司引
律因奸致死本夫婦雖不知情亦絞[illegible]本不與謀又獄由婦首
是無死法巡撫及幕客皆執不可[illegible]舊牘歷三夜得成案援以
定讞婦竟減等鹿邑民[illegible]殺人[illegible]賄[illegible]誣服公察而直其冤其他
平反閱實類此十九年十二月入覲[illegible]年九十特
賜御書[illegible]壺範遐齡明年春乞終養歸其秋太淑人卒公素不喜
佛老說至是居喪遂屏浮屠法不用並廢七七之奠服闋補山東
按察使[illegible]謂愚民畏法其犯罪或出於不[illegible]舉律文之日習而
易犯者列罪名以為條教[illegible]奏變通法令數事俱見施行時巡

撫方操勤吏職以雖容儒者視為迂緩又嘗發民治道以故寢食
其事由是滋不悅適以奏請祀故尚書湯斌於孔子廟廡
又論孟子廟配饗事二十七年上南巡至山東以年老命以
原品致仕公之諸生至大官諫行言聽膏澤下於民於公不可謂
不遇然原公體國之忠與其憂民立事之心蓋嘗抱無窮之蘊而
惜乎公則衰矣公歸生儒耆老數千人南送四十里至崮山
驛不去皆曰使君前者去不數歲復來今當以何時至耶使君
壽考無極它時幸得相見公下輿慰之曰荷父老意甚厚其歸善
教訓子弟力田孝弟為良民奉上法度何必使者常在此耶使者
亦願父老自今歲有康年無災害與使者共食此福列拜流涕
日暮乃散在官食不過一肉三族之待以養者數十家既歸不
能自贍復以課讀為業累為蕺峯端溪樂儀敬敷四書院山長嘗

謂其門人汪中曰吾通籍三十年有宅一廛業田□頃故既老而終歲教學於外汝以吾為得已耶中對曰古者七十而致仕大夫為父師士為少師以教於其鄉蓋與司徒樂正之官相為用血氣不足以任職事而道德則可以為師然則師者所以息老也是故君子生而有益於人者不使其身一日無用於天下□領之教養因人之材使人各盡其長然後援之以其事故多所成就為念故交於通門子弟及名臣節士後尤加重自初官迄於老卒又三十年上南巡賜紵絲表裏三十五年與祝皇上壽賜緞四疋公子世璋自雲南主試歸上召見瀛臺從容問年齒精神於是知上之恩顧深矣三十六年與祝皇太后壽恩加一級明年二月甲申卒於京師

友篤志正學少受詩法於查慎行後事方苞學為古文所作皆準繩墨尺寸不敢違既為外吏雖極鞅掌不廢撰述晚與桑調元輯餘山遺書掌教粵秀敬敷諸書院人比之安定著理學淵源十卷十三經注疏正字八十卷續經義考四十卷鑒古錄十六卷盥家

錢受穀傳

錢受穀字萬與一字沖齋[illegible]秀水人曾祖諧祖槃皆不仕槃生𢍰嘉興縣監生以才名中年應順天鄉試授經於[illegible]學士誠[illegible]英[illegible]阿桂後病歿於京師[illegible]君貴三代皆封贈如君官君孤貧無以為家隨母嚴太恭人依世父母以居錢[illegible]端以陳羣君宗老也勸之學由遂刻苦自勵補秀水縣學生沈[illegible]昌字磐學廣東[illegible]往依之[illegible]修[illegible]於任[illegible]復從[illegible]肅謝太守[illegible]於安徽[illegible]至[illegible]州[illegible]二十年始歸里乾隆二十二年南巡[illegible]以賦上行在一名試賜舉人授內閣中書舍人時英勇公以參贊大臣入為工部尚書而[illegible]又[illegible]公子汝誠以戶部侍郎兼順天府尹方貴盛交口推[illegible]蔣[illegible]恪公溥遂延之賓館俾典書記[illegible]年[illegible]成進士改庶吉士明年散館授戶部主事兼管錢法堂事務[illegible]通籍後益介貧

如素不異諸生居宣武門外距文恪公第十餘里徒步往來未嘗
僦薄笨車也所居矮屋五六椽廬屋土銼與圖書閒雜坐客無氊
不惜也既為曹郎精心吏治尚書兆惠侍郎安泰咸稱其勤
能二十八年擢員外郎是時天津淀河水積日久淹及田廬兆惠
奉命治河以文毅從疏瀹半年積水遂涸二十九年京察一等入
直軍機處三十年擢郎中充湖南鄉試副考官三十二年擢陝西
興漢道是時雲南徼外緬甸跳梁總督楊應琚弗能制高宗命承
恩公明瑞為將軍兼總督討之陛辭奏請從事詔以戶部
郎中馮光熊吏部員外郎傅顯河南開封道諸裨親及文毅參其軍
君被命由漢中馳入雲南抵永昌授迤東道旋調糧儲道九月
明瑞督師自永昌發文毅從之出宛頂撫木邦大戰蠻結破柵十六
踰天生橋入象孔迷失道趨大山猛籠糧賊躡之三十三年正月

壘於蠻化賊來益衆事亟開公屬君護案牘先行遂歿於陣君同
潰軍入關調迤西道明年七月定邊右副將軍傅公恆復
進兵奏君駐盞達接應糧運暨警報往來連月大雨公日夕在泥
淖中凡五月而竣事師旋又留君於虎踞關監督守官兵且收糧
儲之在各站者又明年二月復署迤東道是時各關尚戒嚴而總
督常駐永昌君綜理軍需局事公以積勞卒於官君生康熙
五十四年某月日乾隆三十七年十月[illegible]日年五十有八

錢受穀

錢受穀字黄輿一字沖齋浙江秀水人曾祖治祖槃皆不仕槃生炯嘉興縣監生以才名中年應順天鄉試授經於今大學士誠某英勇阿翁公後病殁于京師以君貴三代皆封贈如君官君孤貧無以爲家隨母嚴太夫人依世父母以居錢文端公陳羣君宗老也勸之學君遂刻苦自勵補秀水縣學生沈編修昌宇督學廣東君往依之編修卒於任復從甘肅謝太守某於安徽轉至肅州逾二十年始歸田里乾隆二十二年南巡君以賦上行在得召試賜舉人授内閣中書舍人時英勇公以參贊大臣入爲工部尚書而錢敬文端公子汝誠以戶部侍郎兼順天府尹方貴盛交口推君之常熟蔣文恪公溥遂延之賓館俾典書記後二年庚辰成進士改庶吉士明年散館授戶部主事兼管錢法堂君受穀通籍後廉介食貧茹

素不異諸生居宣武門外距文格公十餘里徒步往來未嘗儀薄
笨車也所居矮屋五六椽蓬簾土銼與圖書間雜坐客無氈不惜
也既為曹郎精心吏治尚書兆公惠侍郎安公泰咸稱其勤能二
十八年擢員外郎是時天津淀河水積日久淹及田廬兆公奉命
治河以愛穀從疏瀹半年積水遂涸二十九年京察一等入直軍機
處三十年擢郎中充湖南鄉試副考官三十二年擢陝西興漢
道是時雲南徼外緬甸跳梁總督楊應琚弗能制上命承恩毅勇
公明瑞為將軍兼總督討之陛辭奏請從事詔以戶部郎中馮光
熊吏部員外郎傅顯河南開封道諸穆親及愛穀參其軍愛穀
被命由漢中馳入雲南抵永昌授迤東道旋調糧儲道九月明公
督師自永昌發愛穀從之出宛頂撫木邦大蘇蠻結破柵十六踰天
生橋入象孔迷失道趨大山猛籠就糧賊躡之三十三年正月鏖

於蠻化賊來益衆事亟明公屬君護案牘先行遂殁於陣君同潰
軍入關調迤西道明七月定邊右副將軍偕經畧傅公恒復進兵
奉君駐蠻達接應糧運暨警報往來連月大雨雨君日夕在泥淖
中凡五月而竣事師旋又旋留君於虎踞關監守關兵且收糧儲
之在各站者又明年二月復署迤東道是時各關尚戒嚴而總督
嘗駐永昌君亦總理軍需局事年餘以積勞卒於官君生康熙五
十四年某月日卒乾隆三七年十月十一日年五十有八娶某氏
子二昌祺昌壽

陸宗楷傳

陸宗楷浙江仁和人雍正元年進士是科有記名進士十七員
命在各館効力若行走勤慎學問好者仍拔爲翰林宗楷充景山
官學教習三年授翰林院檢討十一年充日講起居注官乾隆四
年擢國子監司業五年遷司經局洗馬六年復充日講起居注官
七年丁丑憂九年五月服闋以原官候補十月重葺翰林院落成
丨聖駕臨幸羣臣分韻賦詩宗楷與焉十一年二月補司經局洗
馬十二月升國子監祭酒十八年疏言順天鄉試錄科直隸生員
向由學政録送貢監由國子監錄送近科貢監有赴監考錄者亦
有學政錄送者請飭部畫一辦理部議直隸貢監在監肄業者由
監錄送其在籍者應由學政錄送二十六年教習沈若木期滿引
丨見摺內聲叙該員係進士曾經有丨旨歸班以知縣選用丨上

以宗楷與沈若木同係浙江科目其為曲意瞻徇情蹟顯然下部
嚴議革職上加恩改為留任三十年五月授兵部右侍郎
六月命兼署吏部侍郎三十一年正月調吏部左侍郎二月充
會試副考官十月遷兵部尚書管理國子監事務賜紫禁城騎
馬三十二年二月命充三通館副總裁五月奏言下五旗包衣
人等自裁去義學讀書應考無階請每旗各設額缺十名附入國
子監官學再向設有義學時包衣人等准考繙譯生員文生員中
書筆帖式監生等項今請照滿洲蒙古漢軍之例一體與考又查
八旗官學生錢糧係由本旗養育兵項下動撥下五旗包衣佐領
下並無養育兵無項可撥增額之後但准應考不必給與錢糧下
軍機大臣議行三十三年八月充順天鄉試正考官十月充經筵
講官三十四年三月言奏文廟向設祭器皆木瓷等物收存南

北圍房有廟戶十三名看守今自發帑興修復丨分頒周朝法物十
件玉磬二件及添修禮器樂器雜項等物均金銀銅錫計數千餘
件敬存庫藏惟廟戶看守實不敷用應請添設步甲十二名每日
四名輪班巡邏並請交提督衙門飭令步軍校等巡查堆撥守護
牆垣柵欄以肅觀瞻如所請行四月充殿試讀卷官六月丨諭曰
陸宗楷年逾七旬兵部尚書有本任應辦之事不必兼管國子監
事務七月調禮部尚書九月吏部左侍郎兼管國子監事務德保
奏參國子監歷年丨欽頒書籍遺失甚多請令歷任堂官助教等
賠補丨諭曰該監所存書籍自應隨時稽查毋致散缺何以遺失
如許之多陸宗楷在監最久乃漫不經心尤難辭咎下部嚴議尋
議降調丨上以宗楷居官年久由國子監祭酒未及兩年擢至尚
書屢經名對惟事唯諾丨命降二級調用十二月補內閣學士兼

禮部侍郎銜三十六年三月京察屆期宗楷以原品休致十二月
賜三班九老宴遊香山並令畫工繪圖宗楷與致仕九老之列
三十八年卒　宗楷官京師幾四十年恪恭夙夜勤勤不倦
未嘗告乞歸掌教敷文書院成就甚眾

韓錫胙　青田人

韓錫胙字介屛號湘巖[illegible]祖武補宋紹興進士後中博學宏詞科任集賢院學士祖湄康熙辛卯歲貢爲邑宿儒家徒四壁而交遊多名賢父榮先邑庠生事親奉甘旨竭力不懈以孝聞錫胙生而穎異襁褓中口授孝經即成誦至性過人祖母病自塾歸必先候問拊摩抑搔呼飯猶不即去最得祖母歡心讀書常達旦不寐既長博極羣書自天文經史樂律方技道書釋典無不通曉乾隆辛酉拔貢補八旗教習中順天丁卯舉人戊辰教習期滿揀發山東知縣歷知平陰禹城平原齊河萊陽等縣平陰有金牛窪地卑下積水不可耕前令欲渠其下流貫民田二里許未浚去官錫胙至刻日集民夫浚之遂成沃壤禹城地多窪常苦潦然徒駭河自西遶城而東而南鄉又有漯河皆可洩水乃相度形勢北自窪王

莊至張虎莊浚溝一十八里西鑿韓家砦河溝七里東鑿祝家莊至二郎廟凡里許其南則一自苗家林至五家橋為溝二十三里一自鋏杴莊至雷家莊為溝一十八里或入徒駭或入漯河禹城水患遂息壬申東省蝗乃創捕蝗法分區畫界立竿綴布以為識每方一里用夫四百人每十人設一夫頭督之以甲長每百人設水斛十副運水以解其渴官與胥役為鄉夫裝往來課勤惰無不人人盡力計日而蝗盡滅上官刊示其法是歲蝗不為害甲戌連丁外內艱留主灤源繁露兩書院講席服闋起補庚辰冬授金匱令邑多無賴子為市井患至則盡拘而痛懲之皆斂跡支貞女者羊尖朱氏婦撫從兄文燿子為嗣尋死文燿失望欲以計逐貞女訟於庭訊得實遂杖文耀而旌貞女邑中稱神明丁亥秋調寶山有商船擱淺為姦民刦奪焚燬悉捕繫之寘之法己丑冬陞

同知旋擢安慶知府皖省多滯獄大府常檄令會鞫平反者衆常語其子曰治獄之道見事貴明立心貴恕設身處地再四沈思自能洞見端委其稍有可原者則宥之庶無枉縱之弊是夏旱郡屬蝗以禹城捕法授之皆應手滅郡西三里有漳薮河舊為帆檣避風之所歲久淤淺巡撫裴公定議疏濬令錫胙董其役時方嚴冬日夕策馬風雪中督率勸勉無少懈閱四月而工竣壬辰調守松江整飭鹽政刊松所鹽務成案以示後郡境黄浦有高頭大網能害人密捕獲之乃繪圖出示嚴禁以絶後患復浚河道以通舟楫十月調守蘇州明年檄署松太道尋陞蘇松督糧道命未下而卒年六十一錫胙性恬淡不問生産既貴儉約刻苦如平時親舊貧乏割俸相周不少吝工書畫論者謂可肩隨趙吴興詩古文尤俊拔絶俗著有滑疑集十八卷行世子五長曾諸生有父風

彭孫遹先生手寫

錢陳羣傳

錢陳羣字主敬號香樹嘉興秀水人生二歲多疾疹鞠于外祖母
九歲始還就傅家母陳氏課讀於紡車旁六法藝
林稱南樓女史者也紡入值供饘粥不足則鬻畫以繼性穎敏
讀書輒能貫穿經籍下筆動與古會同里前輩中何焯一
見並奇重之未冠入都與諸老宿論文唱和砥礪濯磨學識才品
俱力爭上流於是名噪輦下康熙甲午舉京兆旋丁外艱辛丑登
進士改庶常散館授編修湖南試奉使赴陝西宣諭
化導事竣升贊善升庶子掌坊事尋升授侍讀學士充日講起居注官
督順天學政改右通政仍留學政任疏請舉報優行請照
容許與例止於歲試時舉行部議從之乾隆元年母服闋仍督
順天學政知書工繪事自號南樓老人微時嘗鬻畫供饘粥
奉母訓夜紡授經圖奏並以圖進高宗賜題二絕
句有嘉禾欲續賢媛傳不愧當年畫荻人之句六年遷詹事七年
擢內閣學士刑部侍左郎九年充經筵講官十年充會試副考官

命其子編修汝誠侍行且丨賜詩以寬其意明年進途中所作

詩丨上用其會錦春園韻作詩丨賜之二十三年丨上南巡丨諭

後以沈[illegible]進奉旨[illegible]

在籍食俸並丨命閱丨名試諸生卷二十五年丨上親爲橋梓圖

寄丨賜〇序云重五日錢陳羣和賜其子汝誠詩畫扇以進蓋欲

朕賜畫而不敢言懷羣老矣不可使其因此鬱鬱於懷促成是幅

並疊舊韻賜之二十六年入都恭祝丨皇太后七旬萬壽丨命預

香山老會丨賞刑部尚書銜丨諭曰今年恭進丨皇太后七旬大

慶在籍諸臣來京叩祝具見悃忱明年朕恭奉安輿時巡南服諸

臣甫及旋里即當出境迎鑾僕僕道途於林下高年諸多未便〇凡

諸臣曾經赴闕者明春無庸出境迎接如沈德潛即於蘇州錢陳

羣即於嘉興餘均視此爲例副朕體恤至意二十七年丨駕過常

州〇偕〇沈〇德潛來迎丨御製詩各書一通丨賜之有句云二老

江浙之大老新從九老會中回三十年丨上南巡〇復偕沈〇迎

丨駕丨賜詩曰二仙仍此候河濱三載相睽意更親郭泰李膺一

煙舫沈期錢起兩詩人是年公壽八十命加太子太傅賜幼子汝器舉人汝誠適扈蹕諭至家省視明年公進呈母夫人畫冊每幅有其父綸光題句上題詩十二章歸之有子昂題句仲姬畫頗有今人似昔人之句海內榮之三十六年春上東巡駐蹕平原公進所書登岱祝釐頌及賡韻詩冊至賜七律五章八月公進謝恩詩上疊前韻答之是冬入京恭祝皇太后八旬萬壽賜紫禁城騎馬賜杖入朝並賜人葠初汝誠以戶部侍郎告養歸至是隨公入朝上命汝誠侍杖扶掖出入內廷再預香山九老會圖形禁中公和御製香山九老詩有句云鹿馴公畔當童扶上賞其超逸親為圖賜公南歸復賜詩以寵其行明年公抵家疏謝上時駐蹕香山賜答詩有香山適接還鄉信即景猶思扶鹿人之句三十九年卒於家年八十

有九｜詔曰在籍刑部尚書銜錢陳羣老成端謹學問淵醞優游林下二十餘年為東南搢紳領袖儒臣老輩中能以詩文結恩遇備蒙推者沈德潛故後惟錢陳羣一人而已今聞溘逝深為悼惜可晉贈太傅入祀賢良祠並｜賞藩庫銀千兩治喪尋｜賜祭葬｜予謚文端四十四年｜御製懷舊詩列公五詞臣中詩有云少年困場屋賢毋授之經故學有淵源於詩尤粹精蓋紀實也公遇事持大體為編修時嘗充陝西宣諭化導使稱其職久任刑部能持法然｜高宗尤賞公詩文嘗與考論古今稱為故人公天才警敏深於詩多不經人道語書法亦蒼老每扈從賡歌帳殿前未移晷百韻立就歸田後｜上有作輒寄示公｜命和往來至千餘首公既和韻必親繕冊以進冊必有跋體或兼行草篆｜獎贊凡｜國家大禮畢武功成公輒進推頌數十章｜璽書褒美｜賞賚

不可勝數迎鑾者二每入對聖心先怡公亦傾不忘規民隱
必告初公子汝誠典壬午江南鄉試上先諭總督尹文端公招
公遊攝山俾父子歡會高宗六旬萬壽念公老難北行命沈
文慤往嘉興互相勸止公進竹如意上批劄云未領僧紹之賜
先致公遠之貢文而有節把玩良怡今賜卿木蘭所獲鹿脯食延
年以俟清晤其恩禮周摯如此當是時沈文慤在吳公在檇
李天下以為齊名雖上亦稱之曰二老然沈年雖高於公為後
進受知高宗公則受知聖祖世宗贊國家文明之治先
沈二十餘年故被恩眷尤篤公晚年望益崇性益和易讌據後
進入人滿所懷以去諷吟詩章音節抑揚要眇說先朝故事歷歷
首尾如披史傳構宅雙溪之西春秋佳日輒偕故人野叟遊行桑
麻見者以為神仙文慤既沒後四年公亦薨於是上自九重下洎

朝士章布識與不識莫不太息系歎以為東南耆舊盡矣父綸

光有潛德嘗曝麥於庭有老蒼頭竊取雞子見之以竊告贈公

曰渠視我家物如已物偶取飼雛鸞耳何云竊也戒勿泄蒼頭聞

之感泣自陳贈公好言慰之其長者多此類子汝誠

俟汝誠

沈齊義傳

沈齊義字立人烏程人乾隆九年舉人三十一年大挑以知縣發山東歷署冠汶上泗水齊東四縣皆有惠政冠縣民訛言妖人翦髮被翦者不日死齊義訊無實驗悉縱去他縣獄上皆獲譴人服其有識在汶上出貲修築南旺蜀山馬踏三湖水櫃隄工因而民不擾泗水多閒田齊義教之種桑育蠶繭絲之饒遂甲他邑創設書院膏火課講不倦遠近慕之三十七年題授壽張縣知縣開濬城南趙王河凡三十餘里上引范濮諸水達五空橋自是南鄙無水患重建學宮明倫堂故事歲辦河工稭料及解京黃蠟分里購買吏緣為奸利齊義往他縣買解民不知有是累三十九年八月陽穀縣党家庄奸民王倫糾眾變具衣冠出蒞宅外亦曰吾非贓吏爾等劫我何為賊伏拜曰知

公廉我等亦數沐公恩但須及早從順順則生逆則死齊義駭曰
爾等乃反耶遂大罵賊麾其衆曰我等且退令公自為計齊義即
内埋其印復出衆賓哭挽其臂勸以入省告急為名可逃死齊義
不可須臾賊復至罵不絕口賊攢殺之事聞贈巡道銜廕一子賜
祭葬克全臣節

沈齊義

沈齊義烏程人乾隆甲子舉於鄉丙戌會試下第以知縣揀發山東試用題署泗水謝病去三十七年病痊補壽張攜一子麟赴任三十九年八月聞王倫逆謀日練民壯欲捕之民壯劉煥倫義婿以告倫倫黨乃以二十八日夜半寇陷縣城齊義聞變倉皇出慰諭之賊不退請齊義順其教齊義不許賊衆曰官不從即死請官退思之羣擁齊義入諸友勸其偽從為後圖齊義艴然出賊黨多胥役又環拜泣請官降齊義叱之賊復擁齊義入時其子應順天鄉試乃令所親懷印走自整衣冠出大罵賊賊不能堪亂刀刺之以死賊黨李士節胠其篋如寒士歎曰好官好官以紅氈裹其尸置署後事聞天子嘉齊義興堂邑知縣陳枚盡臣節合守土義且賊均供年大有縣官不擾民民自作亂能以身殉難得邀殊恩交

部照武將陣亡例議䘏贈齊義道銜同陳枚內閣撰誥敕給祭葬銀百兩廕一子入監讀書期滿照例銓官大學士舒公巡撫揚公至堂邑壽張安民率監司守令臨齊義及枚喪上香三奠酒三拜三歎息而去學博丞尉武弁死事者命道府參遊分祭奠觀者皆感泣陳枚全州人乾隆癸酉舉於鄉壬辰會試下第以知縣揀發山東試用委署聊城繼署堂邑三十九年二月到任八月二十八日王經隆招其黨四百人集張四旅莊縱火殺怨家至壽張迎王倫枚簡丁壯會汛弁楊兆相捕經隆家屬及其黨歸臺甚賊怒甚九月初四日帥衆攻堂邑堂邑城惡兵役僅百數十名不足守枚時已解任奮然曰吾曾官茲土義不當謝局外即帥民夫守東門弟元標壬申武舉亦慷慨執戈隨賊破南門枚與元標疾馳禦之元標手刃數賊賊縛枚及元標扛赴王倫屯前偪令跪

鄭虎文

鄭虎文字炳也乾隆壬戌進士授編修典河南鄉試督湖南廣東學政歷左贊善歸主徽杭書院十數年卒虎文於學靡不通衡文兼攬衆長無遺美少孤竭力養母母病禱於神請減畀母竟如所禱事兄如父撫諸姪諸甥如子分衣共爨五十年如一日素以經濟自負嘗謂爲知縣謂縣令切近民易知民閒疾苦一令賢則一縣治天下之令賢則天下治人以爲名言著有呑松閣詩文集季子師雍讀書過目了了而具意邈然視文字若糟粕者十五舉於鄉十七天

鄭虎文

鄭虎文字炳也乾隆丁丑進士授編修典河南試督湖南廣東

學政歷主[illegible]書院主講杭[illegible]書院十數年卒年[illegible]文宗[illegible]不通[illegible]文

兼攬衆長無遺美少無[illegible]力晚乃益篤[illegible]於神理[illegible]無意於所

詩專力於文無論[illegible]如何分其年共數十年如一日蓋以經

濟以昌黎[illegible]歐陽[illegible]合古近[illegible]古一合韻則一

縱橫天下之人合韻則天下從入此為古今著作[illegible]大集序

於[illegible]讀書過目成誦[illegible]其[illegible]文字[illegible]古十五學於

[illegible]十又六

入編

校

汪廷英傳

汪廷英字挺清一字仰齋仁和人給事中繼燝長子也年十五

為諸生有聲於時□□朝詔舉賢能尤重守令□謁選得潤之

仙游下車踰月興利榔垢若營其家越七月□內擢主事中丞題

留遂攝同知郎武事稱職旋昇永春州知州永春俗好械鬬□寡治之

風少止及授興化同知未匝月檄赴福清海口而前守沒□□即

以府印及海關之隸于涵江者俾攝之歲□穀騰貴□設法以平

市價制□□復以鹽筴倚□往來為午雨雪不避故事漁父

入海販鮮者每船配鹽五千觔旋□浙禁凡閩中船赴浙應配浙鹽

帶閩鹽入境者治以私于是漁戶不敢領配莆場商竈引亦不銷

□中請自後閩漁仍配閩鹽令境內發賣船入浙境則配浙鹽之

估漁人皆便之仙游少雨民苦饑□盡發廩中積平糶并謐量與

之守責其專曰必待請而後賑幾何不捐為溝瘠而蕩為流傭哉既而常平穀耗五百餘石取之其家不以病民也邵武繞城皆山谿水曲折畢赴石筧蓄之可灌城南田數千頃邑豪貴族請引泉入城以利私水農民控久不決君偕太守往度隰原曰石筧本以灌民田不可廢也乃引支水為淫隈以入于濠由是郭南不憂旱熯莆之東角埕口皆瀕海美壤恃堤以固前明倭寇衝突堤遂壞沮洳相望君躬率畚鍤淺者堙之深者坡之堤成復植檉柳其上樵牧往來皆藉美蔭而農夫相勸課者且錯趾也興化子多秀能暇日則分題刻燭朱黃儼然日相鏃厲若其士友以故皆好讀書而能文章邵武故有詩畫樓為嚴滄浪故址久圮君重葺之春秋佳日笥輿野服與能士秀民高僧野老探奇陟險鼓山九鯉之閩皆有題名雖餘事亦皆韻寄而能成君子美政者未[illegible]內行

為多宦久當居官閩時曰姑且若當子去而我留且承歸下之祀

之日必親滌器衣必數浣濯敝則手自縫補之不食肉晚歲乃稍

之飲酒自說短竊實非修香之業也其恭儉孝謹多類此

孫維龍傳　吳騫

孫維龍字普田號最堂浙江餘姚人寄籍宛平乾隆二十五年成進士簡發安徽以知縣用凡一攝潁州府通判授黟縣知縣調知鳳陽縣題署亳州知州計薦一等以公事降調奉旨仍以知縣用候補四載適金川請能事官佐戎事君舒命暨吳君璜輩十餘人同往其後在軍中不得其志君性質直而慷慨勇於為善然常鬱鬱以為身親民之官而志有不行故遇可以致力者無弗致焉其在黟縣立書院延碩士劉君大槐以教士大槐字南桐城人方官黟縣訓導既去而君延之分祿米以贍子弟黟縣東三十里漁亭鎮為浙楚通衢河之兩岸架木以渡水潦驟溢民以涉為苦君乃建石橋構山亭冬夏施湯水以濟人人以不困黟之民惑風水說年久不葬親或貧不能舉者君為置地勸勉之葬者

千有餘室家其在鳳陽戊子己丑間遇旱災賑貸君曰是不可以
假胥役手夜夜戴星起躬親煮粥散錢弗一毫懈吏畏而民歌之
謂孫公活我人或有稱君者愧作色曰君胡然此皆小小不足道
也君乃欲以其學之所得者高致之朝廷下惠及百姓而竟齎
志以歿無子以族子永煥嗣歿年四十三

吳璜字鑑南會稽人父綸文號樸存工詩能文乾隆丙辰舉博學
鴻詞科試不第而後困頓場屋為諸侯賓客以老君既名父子又
舅氏商太史寶意亦以詩名君聰慧善聽受故幼而能長而工遇
名流得一字一句諷誦不休或錄而藏之久人笑為詩癖勿恤也
庚辰成進士授戶部主事益篤甚作詩益勤苦手抄近人詩數十
册猶以為未足己丑選授澧州未蒞任以憂去壬辰復待選至京
師詩筆益遒健兼治古文駸駸乎成集矣既而四川總督劉秉恬
以方用兵攻大金川請簡文員十餘人聽指揮君與同年孫君維
龍適與斯選將行債家促迫幾不得發比至蜀入軍需局治糧事
番人來攻君與孫君皆歿于陣所輯他人文及自著從軍詩多佚

吴璜

吴璜字方甸號鑑南會稽人曾祖諱濬哲康熙壬子舉人官内閣中書佐大司馬留村公平厦門軍功加二級晉封賜一品廕祖諱根由歲貢宰玉山安肅兩縣考諱炦文世稱樸庭先生國子監生有文不遇爲時推重别有傳生二子公其長也母商氏爲元江府知府諱盤之妹公生具宿慧能承家學乾隆己卯舉京兆鄉試庚辰成進士除户部雲南司主事己丑出知湖南澧州至河南尉氏父卒於途貧不能歸時知衛輝府朱政爲公同榜進士延公掌書院服闋獨扶父柩歸里與母合窆之於型塘先域癸巳再謁選益空乏三月揀發四川馳入衛輝仍寄孥於政去至西安資斧竭中丞畢公沅贈金三十鎰乃得行四月十二日抵成都金又竭拮据得十鎰買鞍馬五月十七日詣登春軍營山水惡劣積雪不融盛暑

挾纊猶有寒色大將軍某素失將士心六月二日賊圍登春急初十之夕木果木一軍潰大將軍死明夕總督衛圍得出登春一軍亦瓦解公偕妻叔周輔鈞馳至崇德山梁賊槍中輔鈞騎突逸不能止迫顧公為賊石飛擊入馬墜溪河中同墜者四千餘人時年四十七事聞得贈加道銜入祀昭忠祠子安祖方十齡得廕如公秩同時死兵禍爲予友者則南昌彭同知元瑋大興孫知縣維龍陽湖王主事日杏松江趙主事文哲維龍先一日死日杏後一日死甕山塢中賊飛石死文哲被賊斷臂死元瑋挾三奴徒行賊且大至乃奮身躍江中死時年六十一公性嗜學重友義爲舅氏愛重能苦吟篇成數改竄求必傳一字不安至廢寢食飲酒談文終食不倦奴子苦飢怨聲喃喃如弗聞者然議論馳騁輒以人倫綱紀爲任都下端人名士咸器之所著有蘇門紀游及黄琢山房詩六卷惟入蜀所作棄於亂軍中可惜也

吴璜

吴璜字方向號鑑南浙江山陰人曾祖諱濬哲康熙壬子舉人官
内閣中書佐大司馬留村公平廈門軍功加二級晉封賜一品廕
祖諱棖由歲貢生宰玉山安肅兩縣考諱𤊹文世稱樸庭先生國
子監生有文不遇為時推重別有傳生二子公其長也母商氏為
元江府知府諱盤之妹公生具宿慧能承家學乾隆己卯舉京兆
鄉試庚辰成進士除户部雲南司主事己丑出知湖南澧州至河
南尉氏父卒于任貧不能歸時知衛輝府朱政為公同榜進士延
公掌書院服闋獨扶父柩歸里與母合窆于型塘先域癸巳再謁
選蓋空之三月揀發四川馳入衛輝仍寄孥于政去至西安胥斧
竭中丞畢公沅贈金三十鎰乃得行四月十二日抵成都金又竭
拮据得十鎰買鞍馬五月十七日詣登春軍營山水悪劣積雪不

融盛暑挾纊猶有寒色大將軍某素失將士心六月二日賊圍登
春急初十之夕木果木一軍潰大將軍死明夕總督冲圍得出登
春一軍亦瓦解公偕妻叔周輔鈞馳至崇德山梁賊槍中輔鈞騎
突逸不能止返顧公為礮石飛擊人馬墜溪河中同墜者四千餘
人時年四十七事聞得贈加道銜入祀昭忠祠子安祖方十齡得
廕如公秩同時死兵禍為丹女者則有南昌彭同知元瑋大興孫
知縣維龍陽湖王主事日杏松江趙主事文喆維龍先一日死日
杏後一日憩山塢中賊飛石死文喆被賊斷臂死元瑋挾三奴徒
行賊且大至乃奮身躍江中時年六十有一公性嗜學重友義為
舅氏商公愛重能苦吟篇成數改竄求必傳一字不安至廢寢食
飲酒談文終夕不倦奴子苦饑怨聲喃喃如弗聞者然議論馳騁
以人倫紀綱為仕都下端人名士咸棄器之所著有蘇門紀遊及
芙蓉山房詩六卷惟入蜀所作棄亂軍中可惜也

潘瑁傳

潘孝子瑁錢塘潘隆子也隆妻丁產女珠姑久之得瑁故先有
養子於家隆嘗之海甯養子耽飲不戒于火倉卒中丁挈一篋令
瑁負之先行瑁及門回視失母委篋復入適家人自火出望見
瑁遽止之曰後垣不可穴主母已不救矣但聞瑁言母若不保我
何以生竟從母及珠姑死初家人在火中見主母為烟焰所阻欲
拉珠姑行珠姑揮之曰汝男子何可拉我我惟有從我母死耳故
珠姑亦死火息撥灰燼瑁與母姊三屍相環結雖燬猶隱隱可辨
也此乾隆四十四年十二月望中事瑁年纔十五有奇童之目
珠姑早適范以賢孝聞時歸甯遂及于難昔賢所傳純孝之感類
能回風反火天於潘氏姊弟若無所靦聞者嗚呼酷矣

潘瑂

潘孝子名瑂錢塘潘隆子也隆妻丁產女珠姑久之得瑂故先有養子於家隆嘗之海寧養子耽飲不戒於火倉卒中丁挈一篋令瑂負之先行瑂及門回視失母委篋復入適家人自火出望見瑂遂止之曰後垣不可穴主母已不救矣但聞瑂言母若不保我何以生竟從母及諸姑死初家人在火中見主母為煙所阻欲拉珠姑行珠姑揮之曰汝男子何可拉我我惟有從我母死耳故珠姑亦死火息撥灰燼瑂與母姊三屍相環結雖燬猶隱隱可辨也此乾隆四十四年十二月望中事瑂年纔十五素有奇童之目珠姑早適范以賢孝聞時歸寧遂及於難昔賢所傳純孝之感類能回風反火天於潘氏姊弟若無所睹聞者嗚呼酷矣

陶士奇傳

孝子名士奇會稽[illegible]人[illegible]也少不知書家貧販油製燭謀食於市肆間父商吳下事母甚謹問視安膳篤摯倍恒人無知者乾隆[illegible]歲母年已七十餘矣家不戒於火火及寢門母寐酣士奇負而出母愛其筍笈還視之燄張拉拉不可近伯叔兄弟咸股慄惶怖不知所為士奇躍身入焰中鬚髮燎盡覓閒道復出其母[illegible]濡幕思滅火母猶戀戀室中物繞火尾窺其居士奇反顧失母所在大驚衆指火曰內內士奇向內奔或止之曰屋燼則人亡矣入何裨士奇大慟遝奔母所母面君方徬徨欲出靡所從士奇四顧皆火度不能負負必傷母以左手翼面右手挾母而趨既出母僵立不復出聲士奇仆地衆舁之去遍體焦爛靡熏心越夕死母[illegible]急存亡之際人非木石誰不挺身救援第一再援之

之後氣或稍餒須臾母先子死孝與不孝等然生其母何必務死其身死其身安知即生其母乃士奇三赴火三出其母生而卒罹於死魂魄若怡然自安者故曰孝焉余往年敦譜事溯前明迄今能事親者不絕書欲求如士奇者百不得一盎盤匜定省子職之常不足言孝孝以身殉孝乃純其焚身逾九載人忽而忘之無有為余道其事者今年春始得聞孝子死狀而譜已竣不及臚其行為憫惜者久之士奇父名章宬母莫氏妻鄢氏守節未亡一子名洪福

孝由赴火救親三入三出卒至於死雖讀書明道之士猶難之矧其為負販中人哉較之漢長沙義士冒火伏棺者德尤鉅使舉斯人風天下逆者可順薄者可厚怯者可勇為此百行之首而王化之原也余故敘其顛末登郡邑志兼并達於史官

何煟傳

何煟湖南靖州浙江山陰籍雍正十三年以捐職州同投江南河工效力從總河大學士嵇曾筠修浙江尖山海塘題補杭州府東塘同知迴避本籍仍發江南河工乾隆七年署豐碭通判九年授桃源同知十三年擢署河庫道十五年實授十六年四月遷兩淮鹽運使特敕兼管河務八月丁母憂十九年正月欽差尚書劉統勳總督策楞叅河庫錢糧不清革煟職擬徒追賠六月布政使衔協理河務富勒赫奏前河督高斌張師載浮用公項銀六萬餘兩應著煟及李宏分賠工次監追二十一年七月繳完免罪二十二年正月仍發往南河以同知用命隨侍郎夢麟疏濬荆山橋河工四月命隨副總河嵇璜辦淮陽河務八月超擢淮揚道二十三年丁父憂總督尹繼善等奏留在任守制許之二十

六年三月調回以郎中用八月河溢河南中牟縣之楊橋大學士
劉統勳協辦大學士兆惠赴豫堵築奏帶熠往十一月既合龍統
勳等請留熠駐工防護十二月授開歸陳許道二十九年調山東
運河道三十年二月調河南河北道四月擢按察使上以熠久
任河工熟習修防著兼管河南南北兩岸河工事務三十二年閏
七月睢州民劉玉樹謀死楊鳳來案擬斬候刑部改立決上諭
巡撫阿思哈曰劉玉樹始則誆財謀命繼則殺命取財實屬凶惡
之尤自宜速正刑章以昭信讞乃原奏率稱其初欲騙財並無害
命之意擬以斬候殊為寬縱此必何熠狃於積習陰功之見有意
從寬所致前因其念佛茹素有沽名之習屢經訓飭應知悛改乃
於是案復如此定擬其痼習未除即此可見何熠是否勝任臬司
據實奏聞毋得徇隱又諭何熠果不勝臬司阿思哈毋庸迴護

將來用為布政使兼理河務何思哈尋奏熠尚勝任十一月擢布政使仍兼理河務三十四年九月護理巡撫十一月奏截取知縣舉人徐廷槐衰弱請改教職諭曰何熠此奏甚是嗣後督撫驗看截取舉人有衰庸者照此陳奏儻不自服老依六法官例送部引見朕臨時定奪著為令三十五年三月護理巡撫五月疏言河北獲嘉等六縣貧民蒙恩借給籽種口糧臣思各項折色銀兩零星秤兑易於折耗而民間購買糧食仍須易錢亦不免虧折之患按各屬平糶之錢本應易銀解司請即以此錢代銀借放公私兩便上嘉許之是月因辦理雲南振旅官兵車輛違例率請部議降調命從寬革職留任三十六年五月擢巡撫兼理河務如故八月奏報河工穩固下部議敘加一級尋命兼管山東河道事務九月疏請改洛陽縣為衝繁難要缺汝陽縣為繁難中缺南

陽縣賒旗店同知縣流集廵檢為調缺滎澤縣河陰司羅山縣大勝關廵檢為選缺十一月疏請改開封城守營都司為遊擊南陽鎮標右營遊擊為都司均下部議行三十七年淅川内鄉被水正陽確山風災熠疏請撫卹緩徵 詔可 賜詩曰秋成早報十分論風水為災再乞恩體我愛民有如是嘉伊知政更何言略輕稍重各籌酌優賑緩徵均無存申命有司勤審察索教惠澤徧窮村三十八年三月 上廵幸天津閱永定河工熠迎 駕 賜孔雀翎黃馬褂復 賜詩曰授職由來重老成旬宣既久悉民情豫疆文武胥董畀河道修防付治聲化俗惟應先愷悌發奸豈必任嚴明中州三代遺風在正直平康視所行尋 命熠與工部尚書裘曰修直隸總督周元理查勘永定河上游熠奏言永定河挾沙而行散漫無定 聖祖仁皇帝神功修治閱今七十餘年 皇上善

繼善述籌度經營大加疏濬翠華臨幸省厥成功臣扈侍鑾
輿仰承清問自惟謭陋曷勝悚惶伏惟就下者水之性無不同
而地有高卑沙有通塞水之情或因時而異永定河之遷移不定
其情也非其性也察其情之所在導其性之所同先宣後防千古
極則雖起神禹無以易之臣謹按永定河下口蒙皇上指示疏
導既不阻下達之勢更可免浸潤之虞誠當永遵成法更無可贊
一詞所慮數十年後或妄生異論別事新奇將至變亂舊章貽憂
河道所將見奉聖訓并議言摘敘簡明條款刊勒豐碑永垂久
遠疏入報聞是月疏言河南常平倉溢額穀前撫臣阿思哈議
存為儲備地方協濟鄰省之用今通省溢額至四十四萬石倉廒
不敷請每州縣以四千石為限餘照舊例變價解司報部候撥又
疏言河南漕穀七十九萬餘石蘇米二十九萬餘石積存各州縣

多寡不均每年出借收息陳陳相因霉爛可慮請於界連鄰省之安陽等五州縣各存二萬石附近水次之祥符等三十五州縣各存一萬石為定額並如議行三十九年二月 諭曰何煟於地方諸事均能實心經理協辦河工亦甚妥協加恩授以總督銜仍管河南巡撫事尋晉兵部尚書銜時大兵征金川道出河南煟經理妥速議敘加一級九月山東逆匪王倫滋事煟督兵會勦事平回至內黃病 命乾清門侍衛隆安帶同太醫院堂官馳驛往視未至煟遺疏入 諭曰總督管河南巡撫何煟老成練達誠篤恪勤於河道機宜素尤諳熟自簡任巡撫兼管河道以來體國愛民實心經理一切修防捍禦董率有方實為封疆得力大臣今秋因籌辦逆匪滋事督兵在東境協勦事竣回豫時偶爾感冒業已就痊昨聞於內黃途次復感風寒念其年逾七旬尤宜慎重調理因諭

另葉接寫

令即在內黄暫為頓息特派乾清門侍衛帶同太醫院堂官前往
診視以冀速痊茲遽聞溘逝深為悼惜著加贈太子太保入祀賢
良祠所有應得卹典仍著該部察例具奏尋丨賜祭葬謚恭惠子

著存禪原集

裕城

何裕城由貢生云く

何裕城傳

何裕城浙江山陰人父煟官總督管河南巡撫事自有傳裕城由
貢生援例捐道乾隆四十二年五月授山東督糧道四十三年六
月調河南河北道隨欽差大學士管兩江總督事高晉董辦豫省
儀封漫工十一月高晉奏時和驛八堡漫口合龍儀封埽工蟄塌
詳高晉奏裕城交部嚴議應革職得旨從寬留任四十四年二
月調江南河庫道四十六年正月調淮徐道四十七年七月諭
曰河東河道總督員缺緊要見任淮徐道何裕城從前隨伊父何
煟辦事年久於一切河防事宜尚為熟悉何裕城即著加恩署理
河東河道總督時大學士阿桂奉命經理曲家樓漫工奏請於
蘭陽十二堡至商邱七堡共一百七十餘里月繕新隄挑引渠河
九月裕城奏蘭陽新開引河其上游素稱險要必須內有重障外

有挑護查該工大隄後舊有越隄相去較遠恐不足恃請自西撑隄向東築格隄一其臨河埽工近溜處所加築挑水壩三得旨嘉奬復奏山東兗州府伊家河在運河八閘之西為分洩運河瀕湖諸水要路淺狹處不能洩水請挑展寬深得旨即應速行辦理十月奏伊家河興工後即往河南將引子溝逐一勘驗仍往來山東河南查督各工以期兩無貽誤諭曰好觀汝若能不自滿而加勤學或可繼汝父也勉之十二月伊家河挑工蕆事四十八年正月賞戴花翎三月隨阿桂奏引河工程黄河已歸故道十三日金門斷流得旨交部議敘加一級又奏於大壩下九十餘丈添建二壩並於外灘河頭上唇河尾下唇挑砌展寬至河面約寬百餘丈見又於北壩加口作五十餘丈俱用層土層柴築壓堅實硃批諸凡用心慎重妥當佇候佳音四月奏至濟甯勘估運

河工程需帑六十四萬九千有奇得旨允行授河南巡撫五月
奏新河開放後大溜直達中泓暢順惟舊南隄入新河處兩條舊
隄南係浮土沙灘形勢稍覺窄狹處擬於川字溝南再破隄三十
丈河尾北灘去河身較近處另開一溝寬五十丈再破隄三十丈
遇盛漲不致壅遏又奏大溜全歸新河中泓迅駛河頭兩岸窄處
亦經砌寬溜勢東注壩工不致著重商邱河尾南岸川字溝二道
並開挖完竣俱得旨嘉獎八月奏黃河漫口受病處由漫灘水
本平衍一入溝槽得其就下之性頃刻匯聚隄根遂致漫溢分於
霜降後相度情形築土預為之限制硃批好實力妥為之九月
以奏摺面夾汚降二級留任又以河南秋審人犯由緩決改入情
實者過多奉諭降為三品頂帶停支養廉二年十一月偕河臣
蘭第錫奏查儀封六堡灘面較窄睢州七堡下汛形勢灣環須加

意防禦擬於儀封隄工南圍築月隄包毛家寨埽工在內自睢州下汛頭堡至十五堡舊有子堰南面加幫寬厚並於下九堡隄後加築復戧上嘉之四十九年四月奉諭山東運河隄岸各工前經發帑興修見已一律完竣辦理甚爲妥速何裕城著交部議敘加一級時甘肅石峯堡回匪滋事官兵經由河南何裕城辦理兵差無誤七月奉諭賞還頂帶准支巡撫養廉九月奏籌辦睢州下汛漫工料物不能應手請酌量加增稭麻價值仍照例價覈實報銷其加增之數先於司庫墊發分年攤徵歸款硃批著照所請行又奏請將被旱之汲縣新鄉等州縣本年應徵粟米麥豆緩至五十年五十一年帶徵被水之商邱等縣本年應徵錢糧酌量緩徵俱得旨允行五十年二月奏豫省上年工賑兼施庫貯不敷請撥鄰省庫銀備用得旨於部庫內撥給銀五十萬兩以

備展賑之用是月調陝西巡撫五月奏陝西省府廳州縣因承緝
金川逃兵不力處分停升者五十九員遇應升缺出合例者少又
或人地不宜辦理周章可否按照原定開復年限分別量爲加重
令其報捐開復　諭曰逃兵處分停升各員前據李世傑奏請准
其捐復經吏部議駁已將該督交部議處今何裕城復有此奏且
陝西一省停升者已多至五十九員似此者尚有六省人數自不
相上下若因升補之人皆須由部推選一時驟易生手未免於地
方不能收駕輕就熟之益因思人才難得該督撫既紛紛陳奏想
其中實有礙難辦理之處是此事竟屬可行所有李世傑交部議
處之處亟著寬免但此項人員若僅令照例捐復實不足以示懲
儆自應按照原定年限分別等差酌令加倍准其捐復九月布政
使圖薩布奏朝邑被水東南北三面尚未消涸見將積厚沙泥雇

夫刨挖諭曰朝邑縣城既屬窪下其易於被水處所何不就泥沙淤積高厚之地築建護隄設遇盛漲豈不更資保障著傳諭何裕城相度情形熟籌妥議尋奏敘建護城隄工計長一千六百八十餘丈動帑二萬九千五百餘兩下部議行十月奏陜西省城設有軍器局係西安清軍廳同知經管查該局所存軍器多有殘缺見派員逐一挑選分可用可修及不可用三項其不堪用項內銅鐵鎔化變價一面將可修器械逐件估修即以所變不可用之價作為修費俟辦竣造冊報部責令該廳營善為收貯上嘉之尋調江西巡撫五十一年正月奏江西省糧價昂貴由江楚商民販運過多所致諭曰上年江楚等省被旱成災收成歉薄全賴鄰省米糧接濟商民均向江西四川等省販運糧石以資口食費用朕許多苦心節次降旨令該督撫實力經理設法調劑務俾商販

流通不致稍有阻遏方為妥善今何裕城因該省糧價加增歸咎
商民販運過多是意存遏糴此何言耶民閒遇有災歉自應以此
省之餘補彼省之不足為督撫者皆當以民食為心不分此疆彼
界籌辦得宜俾得均勻接濟且鄰省到境採買小民等得價售賣
可霑餘潤尚不應稍有居奇何況封疆大臣乃竟存彼此之見耶
何裕城著嚴行申飭五月奏江西糧道向定中缺由部選補該道
管轄十三衛所督運催徵均關緊要鹽驛道向定衝繁難相兼要
缺請旨簡放自驛務改歸臬司兼管該道專管鹽法政務甚簡
請互改以歸覈實議行七月奏武職衙門書手每名食糧一分謂
之字識其應食何項名糧例無明文查江西各營共設字識四百
五十六名所食名糧馬步守三項兼備臣思馬步二項例於守兵
中擇操防勤奮弓馬熟嫻者遞拔字識例免操防弓馬不嫻可知

乃因掌管筆墨與本官親近遇缺坐補但操防上進之路請將各營字識止准支食守糧｜諭曰此等甚公下部議行十一月奏江西河路二千四百餘里奸匪混雜須擇要隘派員弁巡查南昌新建豐城清江餘千五縣向止設巡船一二三隻每遇派員巡緝及查拏要犯不敷應用不得不雇用民船既慮地方官濫捉當差妨船户生計又或雇船躭擱走漏消息致要犯遠颺臣今歲訪獲河匪八十二名冒差誘賄犯三十七名有連犯拏獲之船大小共十隻即派員查驗修艌作為巡船分交南昌等五縣備巡緝之用｜硃批好以實為之五十二年正月奏南昌府屬豐城縣鎮平隄中閒一段水勢衝激土隄不足捍禦應改建石隄奏｜諭如所議行毋致誤工時臺灣逆匪林爽文滋事附近各省撥運米石五月奏籌撥閩米十五萬石見咨商李侍堯或由新城陸路運送或由長

江裝載赴上海關外由海道運往俟查明酌量辦理〻諭曰該撫摺内既稱建昌府新城縣之五福地方距閩較近光澤縣水口係往來通衢自應奏聞一面預備人夫即由五福地方妥速起運或該撫於運道情形未經諳悉亦應於所屬官員及商民人等詳加訪問或從新城縣陸運近便或由上海關口水運近便之處即可斟酌道里遠近以定起運省費何以又稱向李侍堯咨商徒事往返致稽時日何裕城殊屬推諉非是著傳旨申飭七月奏運閩省米石已陸續從新城一路運送又檢查舊案有改由海運較為便捷之語隨酌商兩江總督李世傑等查明海船俟咨覆到日分撥起運〻諭曰此事竟係何裕城辦理錯誤軍需米石關係緊要何裕城既查明改由海運較為便捷即應一面將應運米石數目及開行日期飛咨李世傑等預備船隻一面將應運之米運至海口

等候以便裝載開行並應以海口船隻儻屬短少或將江浙米石
先行運送俟江西之米陸續運赴海口時再行將接運之處一併
咨明庶李世傑等可以酌商籌辦乃徒事往返酌量並不將運米
實數及何日可以運到海口過載開行之處詳悉咨會而又不行
詳悉奏明是何裕城不但意存推諉并不知事理輕重實屬糊塗
著交部議處部議革任得旨寬免尋奏協濟閩米籌辦之始原
定於五福陸路轉運祇以該處山溪險阻節節起撥惟恐稽遲擬
照從前辦過成例陸海分運嗣准督臣李世傑咨覆始知江蘇亦
運閩米海船不敷臣恐到彼等候欲速轉遲隨將碾米十五萬石
全由五福運往該處先經濬流修路轉運尚速見運抵閩省光澤
縣水口者已有六萬四千餘石其接續運赴九月初旬可以運竣
所有湖北省運閩米行抵五福適當江西米運竣之時堪以接續

兩不相妨一面預飭各屬候湖北委員押米入境幫同悉心料理一如江西運米成規不許稍存歧視八月奏五福自濬流修路以來蹊徑漸熟夫役漸衆竹筏小舟亦日辦日多即使冬令水落尚可隨宜設法多行陸路數十里前抵五福所有湖南省運米十萬石應照湖北或由長江前來行抵五福水次於江西米運竣後接續轉運已咨湖南撫臣浦霖并飭藩司預備協力辦理至江西米見已運過七萬六千餘石准於九月初旬可接運湖北米疏入報
聞十月諭曰自臺灣逆匪林爽文滋事以來節經降旨令各省撥運米石前往接應見據各該督撫先後奏報運閩米石俱各妥為照料隨到隨行辦理甚為妥速深慰朕懷何裕城等著交部議敘尋議加一級隨帶五十三年臺灣平湖南米運至新城者七萬五千石裕城奉旨籌議三月奏請照時價就近出糶得價或

解還湖南買穀補倉或解閩撥用聽李侍堯酌辦得旨嘉獎八月奏南昌饒州南康九江等府屬被水成災請分別撫卹報聞五十四年五月漕運總督毓奇奏江西各幫漕船因鳳凰灘等處河道阻淺以致起撥耽延不能徑渡鄱陽湖傳旨申飭六月倉場總督蘇淩阿奏江西幫船遲誤奉旨交部嚴加議處部議革任奉旨寬免仍註册八月兩淮鹽政全德奏江西護鹽道恒甯册報四月下半月銷鹽一萬八千四百九十二引提帳覈對僅銷九千九十八引虛報捏飾命兩廣總督書麟赴江西查辦書麟奏恒甯係以四月銷數較少將五月多銷之數劃抵恒甯交部議降三降調用裕城奏恒甯辦事認真請留護鹽道任諭曰此事竟係何裕城因恒甯為其首府意存袒護而書麟前往查辦亦未免意存和事調停將就完案該督既稱恒甯護理鹽道辦理尚係

認真何裕城且請將恒甯免其撤回竟似該省鹽道非恒甯不足
勝任即著以所降之級仍留江西護理鹽道事務並令照所定每
月銷鹽二萬數千引之數按月督銷如能銷足數俟數年之後該
督撫鹽政據實奏聞候朕酌量加恩如不能按月照數疏銷以致
該省應銷引額稍有缺乏即將所缺引課著落該員賠補仍交部
治罪儻恒甯力不能賠即著書麟何裕城代為賠繳以為封疆大
臣袒徇屬員辦事模棱者戒五十五年三月以河南巡撫任內接
前任巡撫富勒渾所奏於堌陽地方改築考城縣城垣地處曠野
購料維艱致糜費脚力於例價報銷不敷星誤部議應革任得
旨寬免仍註册四月調安徽巡撫旋奉　命來京恭祝　八旬萬
壽六月抵合肥病卒七月　諭曰安徽巡撫何裕城自簡任以来
小心謹慎今於途次患病身故所有任内降級罰俸處分及應行

賠繳銀兩俱著加恩寬免子鍾見任廣東潮州府同知銑見任河南開歸道金見任内閣侍讀

本國史館本傳

何裕城傳

何裕城字福天惺庵號世居浙江山陰著姓高祖諱曾槩以靖州籍領湖廣鄉薦曾祖諱鼎祖諱經文並官知府三世俱贈振威大夫河南巡撫兼提督銜妣皆一品夫人考諱煟以山陰本貫歷官兵部尚書都察院右都御史總督河南巡撫事贈太子太保入祀賢良祠謚恭惠裕城讀書有異稟隨侍官署講求經世之務恭惠公嘗開示端緒輒能申繹其指恭惠公喜曰是必能繼吾志以例捐道員行銓丁恭惠公憂旋遭喪哀毀骨立蒙賜祭葬畢詣闕謝恩稽首道左上垂念舊臣慰勉之服闋即授山東糧道未浹歲調河南河北道移江南河庫道調淮徐道會河南青龍岡工漫河注微山湖衛運道沛沈於水上以治河節使亟宜擇人特諭曰

淮徐道何裕城補隨伊父何煟熟悉河防著署河東河道總督時
甲午八月先是裕城在子舍嘗著江南全河指要論治河宜並用節
宣不當執河不兩行之說偏於節束及由河北道移任江南臨行
上當事書指陳南北岸受險情形而北岸之患大不豫謀增培猝
難防護未幾言驗裕城濡染家學審測地形得諸目驗精心條畫確
然可見設施人第見裕城由監司不數載晉持使節為榮遇豈知公
推求利病調劑時宜以仰副簡畀者有由來矣是時蘭陽儀封
方改繕河隄　上命重臣董其事裕城往來相度相與籌久遠築陽
隄以護大隄加挑水壩以通南溜疏伊家河以淺河水引渠合壩
遂成新河之功甲午四月授河南巡撫河南本煟惠公舊治也裕城遵
守前法民習而安之奉　命協理河務暨河督蘭第錫和衷集
事量溝漕築土格傷壩岸加防風並著成績辛丑調陝西巡撫　九

確

月復調江西輯長河之姦宄嚴行伍之冒濫闢漕運閭閭里晏然
辛丑年夏調補安徽巡撫公旌節所至歷四省去江西日老幼
數萬人渡江拜送數十里不絕咸稱公有厚德於民公居家孝
睦持躬以廉靜骨格承先訓而推行之上稔知裕城嘗批其奏摺
曰汝能勤學可繼汝父又賜戴花翎面奬曰父子戴花翎漢人所
少下感激益奮實能繼忠為孝移以作忠可以垂世家之模範
以彰聖朝吏治之醕豈偶然哉生於雍正四年八月卒於乾隆
五十五年七月卒

何裕城傳

何裕城字福天號惺庵紹興山陰人父煟歷官兵部尚書都察院右都御史總督管河南巡撫事增太子太保入祀賢良祠謚恭惠母湯裕城讀書有異稟隨侍官署講求經世之務煟嘗開示端緒輒能申繹其指煟喜曰是必能繼吾志以例捐道員行銓丁母憂旋遭煟喪哀毀骨立煟蒙高宗賜祭葬畢詣闕謝恩稽首道左上垂念舊臣慰勉之四十二年服闋即授山東督糧道未浹歲調河南河北道四十四年移江南河庫道四十六年調淮徐道會河南青龍崗工漫河注微山湖衝運道沛沈於水上以治河節使亟宜擇人特諭曰淮徐道何裕城前隨伊父何煟熟悉河防著署河東河道總督時四十七年八月也先是裕

城在子舍嘗著江南全河指要論治河宜並用節宣不當執河不兩行之説偏於節束及由河北道移任江南臨行上當事書指陳南北岸受險情形而北岸之患大不豫謀增培猝難防護未幾言驗裕城濡染家學審測地形得諸目驗精心條畫確然可見設施人第見其由監司不數載晉持使節為榮遇豈知推求利病調劑時宜以仰副簡畀者有由來矣是時蘭陽儀封方改繕河隄上命重臣董其事裕城往來相度相與籌久遠之策因築隔隄以護大隄加挑水壩以通南溜疏伊家河以洩河水引渠合壩遂成新河之功四十八年四月授河南巡撫河南帽舊治也裕城遵守前法民習而安之奉命協理河務暨河督蘭第錫和衷集事量溝漕築土格傍壖岸加防風並著成績五十

年調陝西巡撫九月復調江西緝長河之姦究嚴行伍之冒濫
闢溪通運閭里晏然五十五年夏調補安徽巡撫旌節所至歷
四省去江西日老幼數萬人渡江拜送數十里不絶咸稱有厚
德於民居家孝睦持躬以廉靜忞恪承先訓而推行之上稔知
裕城嘗批其奏摺曰汝能勤學可繼汝父又賜戴花翎面奬曰
父子戴花翎漢人所少也裕城益感奮於乾隆五十五年七月
卒

汪師韓傳

汪師韓字抒懷號韓門又號上湖錢塘人甲子自少能詩雍正癸丑進士官編修乾隆改元師韓經掌院学士薦直起居注記注之有協修從師韓始入直數月乞假歸丁憂服闋尚書張照疏薦校勘經史旋督學湖南降調入都大學士公傅恒薦入上書房由諭居懷任館職以落職以主保定蓮花書院講席師韓少以文名四方初習國書嘗賦龍書五十韻詩正臨川李紱先生歎異攜其詩入八旗志書館館中見者多不知其辭所自出李紱曰我尚有不知者何況君輩同里鄭侍講筠谷其文行也見韓門詩贈以古風末云頹齡覩奇特自嗤還自賀常熟王次山侍御於詩多否可獨傾倒師韓更和鄭韻題其集有菜色竹塢能肯拾漁洋唾之句嘉興馬墨麟副使錄其風

尾硯太平鼓二歌入舊雨集是時師韓年三十歲耳嗣是再丁
艱一奉使鐫級下遷再入館閣旋落職起蹶頻仍師韓則讀書
愈多學愈進而其教先生者皆已沒後此一意窮經不務詞章之
業行己日益謹畏踽踽涼涼蓋即在都下亦知者希矣乾隆壬申冬
還里里中詩老若朱鹿田周穆門厲樊榭全謝山
沈江聲諸君相繼徂謝惟杭大宗董浦為魯靈光董浦每曰
詩之道熟易而澀難師韓詩有澀味所以可傳聞者驚怪其語
爭往索觀師韓輒謝不輕出也著春星堂詩集上湖紀歲詩編
文編詩學纂聞讀書錄韓門綴學孝經約義觀象居易傳箋

王士芳傳

先生姓王名士芳字南亭浙之臨海人其生於順治十六年己亥卒於乾隆三十五年庚寅年百有五歲矣吾聞古有兀者也而王先生以其道也數今之藍無有適先生者也而王先生則以其年也年在而道即在焉先生家萬山中父其祖世業醫將乳父夢有蒼顏種髮者儳而南來已而先生生故字之曰南亭志瑞也康熙十五年耿精忠反閩中其逆黨曾養性犯台州先生之祖奉惠獻貝子命往諭賊被害先生從其父奔哭乞師夜襲賊營裹創苦戰大兵繼之賊大敗走溫州已而貝子麗於軍功不及敘遂歸家貧讀書賣藥以自食為諸生屢試不利久之父卒妻亦旋卒以是益困貧一日入其郡之松山路旁遺鏹百餘金先生偶行見之意必有急所墜生守不去日暮有哭而至者詢之則鬻產以

贖父罪金失騎死於此先生亟出金還之其人欲分其贏先生笑謝而歸是夕竟不能舉火家人嗟怨先生處之自若其勇於孝義如此乾隆十九年[illegible]八十餘始以歲貢選[illegible]訓導越六年[illegible]縉資引見上以其年老特進階六品在京恭祝聖母慈壽拜表裏宴饌之賜與宴得贈二代壬午乙酉聖駕南廵温旨勞問並令朝見皇太后拜數珠珍綺之賜皇上親灑宸翰錫子之[illegible]致仕家居[illegible]先生年百歲得旨建坊優加銀幣[illegible]年之秋以祝萬壽朝京師蒙恩召見欽授國子監司業在籍食俸特旨嘉獎依古以來學官小臣受恩之渥未有若先生者也先生有子四人孫十一人曾孫五人元孫七人來孫八人累孫一人一門之内七葉相見有賴固之學術有馮唐之知遇有白公奭之遐壽詩所謂福祿腒之者先生斯其人與先生童髮鮐

背健步善飯目光奕奕注視人有迎之飲者無不盡能作擘窠大壽字所至人爭求之問其服食導引之說曰吾惟知屛思慮節饑飽順天和而已嗚呼先生之於道何如哉或又言先生嘗見巨魚暴於陸取而投諸水斯須雲霧晦冥中若蜿蜒而升者又嘗夜行大橋俯視有物尨然伏其下既過數武虎突出吼躍去台人傳以為奇然吾觀先生復讐急難累更貧困危苦而不改其素其大節有過人者彼所稱事近怪異君子所不道故從略焉

贊曰古者至治之世物效其祥即草木之無知亦能蒸出芝菌以為瑞故黃髮兒齒之老優游康衢歌詠太平是豈人之為哉皆上之德化有以致之也蓋朝有萬壽無疆之　聖主斯野有百歲有羨之儒臣以觀王先生之年彼安期偓佺之倫何多讓焉美哉希世之瑞也

王世芳傳

王世芳字徽德號南亭老人浙江臨海人生時父夢星降南方故號南亭長有勇力尚氣節康熙丙辰曾養性犯台州祖遭賊害者年十八隨父請兵夜襲賊營殺賊無算養性敗死值主將卒功未敘歸而讀書家貧賣藥自給拾遺金不昧入天台山遇異人出瓢水飲之遂有異嘗見巨魚暴陸地取投諸河化龍去嘗行遇虎以為牛拍之虎嗥而避年四十九始入膠庠八十貢成均九十六官遂昌訓導百有九歲告休晉秩少司成七世一堂壽終百十七歲御賜詩章建坊表以旌人瑞者又健飯善飲狀貌如五十許人

廿許亾

王際華傳

王際華浙江錢塘人乾隆十年一甲三名進士授編修十二年八月充順天鄉試同考官十三年三月充會試同考官六月大考一等三名擢侍讀學士十四年命上書房行走十五年六月充湖北鄉試副考官時廣東設兩學政八月以侍郎程巖提督廣韶學政王際華提督肇高學政十六年巖疏言廣東學政宜併一為是廷議裁肇高一缺際華旋丁憂服闋補侍讀學士十九年遷詹事充日講起居注官二十年二月遷內閣學士六月擢工部侍郎兼管錢法堂事務七月充經筵講官二十二年五月調刑部右侍郎十月以湖南巡撫蔣炳審辦藩司楊灝侵肥剋扣一案未入情實刑部秋審時蒙混照覆三法司九卿分別議處尋議革職得旨從寬留任二十四年轉左侍郎二十五年四月調兵部侍郎六月

充江西鄉試正考官二十七年疏言武闈向來挑取雙單好字號者視中額已多數倍其合式字號馬步技勇之庸弱者皆得濫邀不肖者自分無倖中之理輒串通好字號各生代倩圖利是以雙單好字號向列東號合式向列西號入場見字號在西號知難取中紛紛求出其歸號者亦無心作文終日諠譁請嗣後武鄉會試合式字號竟行裁去惟於考場外時悉心甄別將技藝實在可觀者儘數挑入好字號即將各姓名開單出示曉諭令入內場至分別雙單之處仍照例密印於監箭冊姓名之上封固送入內場下部議行二十八年三月充會試副考官八月署吏部侍郎二十九年疏陳在京各衙門議事處件經乾隆十八年議定各衙門奏參奏旨之日即於咨送原奏文內將職名開送議處近各部旗往往先送原奏其應開職名必待吏部兵部咨取甚至一再行催始

行開送以致奉旨處分之日或在奏參數月後非仰體皇上
釐飭官方之意請無論案情大小即將應參各員職名開入無庸
重辦其關歷任處分當時未確查者於鈔送原揭後限十日內查
明補送又言各部會議外省案件關文武職任處分主稿會稿各
部定議後其出本向無定限事繁衙門或以次挨至一二月後具
題此中實降實革案件保無泄漏或書吏乘機作弊劣員肆行不
肖皆不可不慮請各部會題案凡涉外任處分於會稟日該部即
將有無加級抵銷處查明其實行降革者俟各部會齊後主稿衙
門統於三日內具題仍將出本日期交科道按月稽查詔如所
請三十年五月調戶部右侍郎十月署吏部侍郎充武英殿總裁
官三十一年正月兼署工部侍郎六月教習庶吉士三十二年疏
請修庶常館得旨允行七月轉左侍郎三十三年充江南鄉試

正考官三十四年十月疏言武英殿繕錄向用國子監貢生十員充補近年來國子監祇憑文考取咨送多有書法不工者查吏部原有考取謄錄以備各館咨取請將送補貢生例停止行文吏部咨送謄錄內正途出身者充補六年限滿議敘至見在繕寫之事無多請於原額實缺內裁減四缺每月公費即由殿給發以省支領之繁下部議行十一月擢禮部尚書三十五年九月命偕刑部尚書協辦大學士官保户部侍郎英廉總理平糶事尋以北城麩麪短少曾經報出不即查辦命交部察議俱降一級留任尋官保傳三十六年御史趙鍈奏鄉會闈移取書籍及舊文應行禁止除華等議舊文毋庸禁其移取查直省鄉闈惟順天有欽頒書籍而江南等省尚沿用坊間舊本不但魚魯易譌亦多殘缺請通行頒發從之三十八年三月充四庫全書總裁官四月晉

太子少傳五月|命辦理四庫全書薈要八月調戶部尚書三十
九年三月京察加一級十一月|賜紫禁城騎馬四十一年三月
卒|諭曰王際華才品端謹學問優長久直內廷簡任部務懋著
勤勞兩年承辦四庫全書及薈要事尤為殫心經理且年甫六十
正資倚任今聞其痰湧暴厥醫治無及遽爾溘逝深為悼惜著加
恩晉贈太子太保並派散秩大臣一員侍衛十員前往奠醊其各
任內革職留任處分俱准開復應得卹典仍著該部察例具奏尋|賜
祭葬謚文莊際華敬慎清勤治事敏毅在官三十六年與新
正重華宮茶宴者二十五年每歲除賜御書福字若干取積凡二十
四懸楣楹間皆編為額其勝事曰字福之堂詢因列所未有
也嘗於京師構屋□廣謹因釀金庀工凡浙之家死而無力歸
葬者咸葬焉男東女西立碣以識又築室十楹以居旅殯

杞園精舍鄉人王令德之著有白齋詩存

吴嗣爵傳

吴嗣爵字尊一號樹屏又號澹軒姓吴氏世為新安右族高祖

慶始遷錢塘因占籍焉曾祖時茂祖之錡康熙庚辰進士山西靈

關縣知縣行取禮部主政父岱齡國子學生三代皆以公貴贈

光祿大夫公八歲而孤母錢太夫人誨以勤學遂淹貫百氏通達

時務雍正七年舉鄉試明年成進士授禮部精膳司額外主事相

國張文和公掌吏部特奏改文選司公素彊識於中外官簿姓名

一覽輒記尤熟於成案吏不得上下其手由主事遷考功司員外

郎轉本司郎中調文選司在銓曹十餘年慎重名器廉直不阿

高宗純皇帝夙知其名特授江蘇常州府知府本部奏請留任推

陞四川保寧知府仍奏請留任尋奉命提督湖北學政任滿調

福建所甄拔多知名士十三年授江蘇淮安府知府尋擢淮揚河

道以河務素未習練乃取河防一覽行水金鑑禹貢錐指等書
晨夕研究酌參古今自是河淮形勢瞭然胸中卅復紙上空談矣
明年秋洪澤湖盛漲議者請開天然壩洩之故相高文定公樾
親至壩上察視公慨然曰啟壩誠足減暴漲其如下河州縣百萬
生靈何堅持不放隄岸無恙上大加器重并以入告十六年調
兩淮鹽運使清介有守以脂膏自潤十九年以黃運交溢特旨
仍調淮揚河道甫抵工次而太夫人棄養訃至號泣感慟刻期星
奔有旨河工與地方官不同事出不得已着給假兩箇月治喪
事畢即赴任公感泣承詔次年諸大工告竣即呈請終制督府不
肯轉奏復請給數月假以竟葬事乃得報可二十二年
再幸江浙時河督白公鍾山未到任南河事皆仰決於公尋遷江
蘇按察使再遷布政使明年坐奏事失當落職以南河同知用二

十六年復授淮揚河道其秋洪澤湖漫溢度車邏南關諸壩勢不能禦預令居民徙他所及水過之後集夫修築得免墊溺之患三十年調淮徐河道三十三年黃河秋漲直逼徐家莊縷隄居民洶洶將逃去而兩督府咸道遠未至親往慰諭曰國家仁德如天河若有靈當不為患汝等勿怖遂端坐隄上以安眾心僚吏泣請退避不為動既而大溜歸中泓僉以為神助相度地勢議將放淤或言宜俟督府否且獲咎曰安危在頃刻豈可坐失事機有事吾自任之及兩制府至則放淤已成水勢稍減遂據入告乃特旨優敘未幾即有河東總河之命以山左運河為南北轉漕要津汶水為其源而匯諸泉入焉乃循行百五十五泉察其已竭者弃之未竭者疏之添建南旺河口石閘啓閉有節由是漕艘得安行每遇伏秋黃河水長信宿水次處分搶護人各盡力三

十六年夏汶水溢戴村壩東平汶上城幾沒亟令啓閘壩南北
分減不數日而水落糧運無阻其秋丹沁伊洛諸水俱漲匯注入
河大溜南趨堤岸盡塌往來巡視設法搶護不遑啓處者二十
晝夜卒以無事｜優詔褒獎尋調江南河道總督加兵部尚書
在南河最久深悉利病至是復周咨博訪與節相高文端公酌議
將河隄增高培厚浚雲梯舊口以暢其流又念清口｜欽定東西
壩爲全河鎖鑰高堰爲淮揚保障加意預籌以期有備無患明年
淮水大漲預展東西壩泄澤之水水有所容遂得無患清口向
置木龍五架挑溜北趨第一架年久淤閉請移建於第五架｜
上大以爲然三十八年河溢老壩口亟令民從居高阜日給錢
粟勿使失所而集夫加緊搶築兩旬合龍水復故道在任再遇京
察俱得｜旨議敘賜賚便蕃不能殫述御製五言詩以賜一時榮

之四十一年車駕韋山左公趨迎行在名見數奏河務良久跪不能起詔左右扶掖之時公年七旬矣上憫其久勞於外政授吏部右侍郎明年以孝聖憲皇后升祔禮覃恩加贈三代皆至一品其冬以喘嗽疾作陳情乞休得旨以原官致仕回里公性自奉儉約雖貴不以易其素不妄交一人不怠玩一事或謂公曰聞公一介不取其能一介不與乎公笑曰有所取必有所與我無所取故能無所與公以乾隆四十四年六月終于湖里第享年七十有三配徐太夫人翰林院編修建昌府知府天麒之女恭儉有淑德年二十有四以乾隆二年四月十四日卒繼娶夫人翰林院編修湖州府知府紹祖之女舉案相莊者四十餘年事姑教子皆叶禮法晚歲就養季子官署年登大耋備極奉觴舞綵之樂嘉慶二年七月二十七日卒享年八十有三

謀

吴嗣爵傳

吴嗣爵字尊一號樹屏其先錢塘人祖之錡禮部主事始遷平湖嗣爵登雍正庚戌進士授禮部主事冢宰張廷玉奇其才奏改吏部歷郎中授湖北學政調福建課士有法戊辰選江南淮安府知府尋陞淮揚河道明年七月洪澤湖決高堰石工危甚總督高晉議開天然壩嗣爵曰此壩開誠足減暴漲然如下河各郡縣百萬生靈何堅持不啟卒無恙晉江蘇按察使獄多所平反陞布政調湖南左遷宿虹同知量移淮徐河道戊子彭城黄水秋漲大溜直逼徐家莊縷堤幾潰居民倉皇譁竄時大風雨嗣爵撤蓋端坐堤上身當其衝屬吏泣諫嗣爵曰吾河臣也堤潰吾不忍視民獨斃也迺躬率吏集工堵築逾時而溜勢掣開仍歸中泓若神助然已而議放淤吏難之嗣爵曰安危在頃刻豈容坐失事機苟獲罪吾

一人任之乃堅築月堤既於淤水始勢平總督高晉以聞~~世宗~~聖祖深
嘉之擢河東總督山左運河為輸漕要津發源汶水而匯泰安兗
州諸屬百五十五道之水歲久淤塞疏濬如法漕運便之辛卯五
月汶泗水溢入運隄汶上城幾沒七月丹沁伊洛諸水復發匯注
入黃黃水出槽漫灘河南山左各工衝擊為患皆設法搶護民賴
以安事聞調南河總督遂自豐沛親抵海口徧歷江淮相度機宜
加築臨黃縷隄疏濬雲梯關舊口治清口東西壩高堰諸工先是
上幸清口詔遞添第四第五木龍後頭架癸巳嗣爵奏移建五
龍下以護新灘使黃水直逼陶莊清水抵惠濟祠後上曰朕南
巡時即有此論彼時河臣皆以為難故未行之此事正合朕意是
年伏秋雨汛清黃三次盛漲徐州城不沒者三版嗣爵開放傅家
窪新挑句引河匯入唐家灣引河以殺水勢二日而平初揚州下

河各州縣地處低窪遇洪澤湖漲分入下河藉洩淮水田多被淹自嗣爵任事後十有餘年下河豐收閭閻樂業　上賜詩褒美之甲午八月黃水陡漲風雨暴作一夕泛溢嗣爵急令集船以濟移民於高阜分給蘆蓆為棲止計開倉賑之民志稍定而身則晝夜處沮洳泥潦間遂得肺疾嗣爵治河前後幾三十年全河形勢瞭若指掌而臨事持重審勢扼要不為浮議所奪故能終始成功年七十轉吏部右侍郎尋告歸卒於家

吳嗣爵傳

吳嗣爵字尊一號樹屏其先錢塘人祖之錡禮部主事遷平湖遂爲嘉興平湖人嗣爵登雍正庚戌進士授禮部主事冢宰張廷玉奇其才奏改吏部歷郎中授湖北學政調福建課士有法戊辰選江南淮安府知府尋陞淮揚河道明年七月洪澤湖決高堰石工危甚總督高晉議開天然壩嗣爵曰此壩開誠足減暴漲然如下河各郡縣百萬生靈何堅持不可卒無恙晉江蘇按察使治獄多所平反陞布政使調湖南左遷宿虹同知量移淮徐河道戊子彭城黃水秋漲大溜直逼徐家莊縷堤幾潰居民倉皇謀竄時大風雨嗣爵撤蓋端坐堤上身當其衝屬吏泣諫嗣爵曰吾河臣堤潰吾不忍視民獨斃也迺躬率吏集工堵

築適時而溜勢掣開仍歸中泓若神助然已而議放淤吏灘之
嗣爵曰安危在頃刻豈容坐失事機苟獲罪吾一人任之乃堅
築月堤既放淤水勢始平總督高晉以聞聖祖深嘉之擢河東
總督山左運河為輸漕要津發源汶水而匯泰安兖州諸屬百
五十五道之水歲久淤塞疏濬如法漕運便之辛卯五月汶泗
水溢入運堤汶上城幾没七月丹沁伊洛諸水復發匯注入黄
黄水出槽漫灘河南山左各工衝擊為患皆設法搶護民賴以
安事聞調南河總督遂自豐沛親抵海口徧歷江淮相度機宜
加築臨黄縷隄疏濬雲梯關舊口治清口東西壩高堰諸工先
是上幸清口詔遞添第四第五木龍後頭架癸巳嗣爵奏移建
五龍下以護新灘使黄水直逼陶莊清水抵惠濟祠後上曰朕

南巡時即有此論彼時河臣皆以為難故未行之此事正合朕
意是年伏秋雨汛清黄三次盛漲徐州城不没者三版嗣爵開
放傳家窪新挑勾引河滙入唐家灣引河以殺水勢二日而平
初揚州下河各州縣地處低窪遇洪澤湖漲分入下河藉患淮
水田多被淹自嗣爵任事後十有餘年下河豐收閭閻樂業上
賜詩褒美之甲午八月黄水陡漲風雨暴作一夕泛溢嗣爵急
令集船以濟移民於高阜分給蘆席為棲止計開倉賑之民志
稍定而身則晝夜處沮洳泥潦間遂得肺疾嗣爵治河前後幾
三十年全河形勢瞭若指掌而臨事持重審勢扼要不為浮議
所奪故能終始成功年七十轉吏部右侍郎尋告歸卒於家

[illegible]

王世勳傳

永安令王先生没于官所二十餘年矣其孫曰升乞袁徵士爲之傳又乞余爲表墓之文余與曰升同客于杭見先生家書數十通篤厚懇摯無一言一事不出于誠敬使盡所蓄積大其展布其爲民物利濟宜何如顧其端甫兆遽齎志以没曰升所爲有餘痛也

先生名世勳字淩衢又字牘樞先世自河南祥符遷淅之鎮海曾祖又曾諸生與姜西溟陳介眉及吾鄉王邁人諸先生砥礪文行學者稱爲魯菴先生祖錫晝父謙吉諸生兩世贈文林郎中乾隆二十七年省試第一後四年舉禮部第二文名籍甚有欲招致者謝不往殿試賜進士出身需次選人人謂先生稍委蛇必得館職先生曰有老毋在得歸養我愛我曰雖三公不願易也且過今有欸被選用者豈盡從黄緣來哉四十一年謁選得惠州永安令

地逬南徼苗猺雜處刁悍號難治先生曰民玩于法由上失教也
邑有鐵潭書院廢已久葺治延師課諸生暇親與講說以行誼先
士風大變監生鍾清麟者藪盜前令不為究先生置諸法害乃除
盜殺鄉民陳槐佑奪其財緝以未獲有黃亞三者衣漬血痕捕按
不實釋去尋分校秋試[illegible]令陳震按亞三酷刑誣服以先生故出
人罪上郡守檄關言于守請寬限緝捕正凶獲義容墟民械鬭
令以叙黨結盟羅織成大獄株連百餘人家盡破先生讞得實置
鬬者罪餘盡釋無見地方變故之起非養成即激變如盜藪不去
必至潰而難收結盟受誣必至憤而思逞先生立消弭之使為縣
令者人人如此雖長無寇亂可也撫軍李公湖廣知治行欲以崖
州牧遷補會先生病辭不赴旋卒後撫檄校秋闈病不能起
忌者蜚語中傷竟以規避劾又兩月病卒在永安不及四年

興利除害常若不及與人外和內介義所不可雖上官不能曲徇故讒構易入然先生之被劾也民冤之其卒也民哀之不復何憾性篤倫紀居父喪哀毀骨立事母飲食起居必躬親敬愛兄之官獨奉以往教子弟嚴義利之辨歸本于主敬嘗曰人能敬則志自堅定邪妄不得而入其所執之事亦不至于助與忘即此可見學術之不苟苟卒年五十有三著有尚書發微毛詩正韻左氏傳補注詩文集共若干卷家書四冊曰升編入文集先生行誼略備于此配史孺人有閫德子二勉餘國學生勷餘廩膳生孫四人曰升諸生能文敦質行謹守祖父遺訓世其學銘曰

何守之正而人必剟之匪直也人天又從而奪之曾謂蒼蒼善者不祥厚蓄而薄施以昌其後嗣

孫辰東傳

宗炎始讀遲舟先生會試之文而善之既而友同縣汪君煥曾為言先生立身立己嚴正有法度益竊慕其為人比試禮部謁見先生京邸未能奉手有所受也先生歿久之季子憲儀以煥曾命從宗炎游請為先生葬銘諾而弗果爲亦弗克葬嘉慶二十五年某月某日乃克葬先生烏程逸村步之原配吳太恭人祔焉將以宗炎之銘埋諸幽奉狀申請不可辭按狀先生孫氏名辰東字楓培號遲舟其先自餘姚遷歸安再遷湖曾祖牲祖金鼎父賜書三世為諸生先生初名宸以縣學生舉乾隆二十五年浙江鄉試改今名三十七年進士及第官翰林院編修纂修四庫全書四十五年順天鄉試充同考官九月某日以疾終距生乾隆元年某月某日享年四十有五娶太恭人同縣人生乾隆某年某月某

日後先生幾十幾年某月某日卒享年幾十有幾子三憲緒乾隆六十年進士官保定府知府遇覃恩贈先生朝議大夫憲佑嘉慶二十四年順天舉人憲儀附貢生女一適士族孫一肇佳嘉慶二十四年順天鄉試副榜貢生孫氏科名極盛康熙中毗瞻侍郎以一甲第二人及第潛村編修中會試第一先生起而兼其文醇肆而及於古當是時聲譽滿天下貴顯用事者欲羅致之令同歲生通殷勤先生謝不往纂修得舉謄錄因受其賂遺惟先生不可動以利總裁有所私詑言寒士且有才屬先生牘薦之及來謁以厚幣謝先生色變立擯去欲返其牘坐是幾不得留翰林先生不顧也為同考官力矯通榜之習病滯下校閱不少怠同列有陰沮其所薦者憤厥肝張遂不可治顧其僕曰我即死歸語諸郎讀書善自愛弗學為幕友壞心術先生與煥曾交最深煥曾佐治獄

有名聞先生臨歿言不復教其子治獄也先生事親孝命坐乃坐不命之退不敢退有過則長跪謝俟色解然後起奉伯兄恭敬不以貴易行家酷貧不能具喪常假諸宗人之里居者歿而貧益甚葬以是緩最後憲儀游京師主鄭知州雲龍詢知先生未葬佽以金俾歸而葬之葢距先生歿四十年憲緒已前卒憲佑肇佳皆在京師獨憲儀來速銘銘曰 誠其身悅乎親孝弟以為人砥礪廉隅以為文學侍從之臣不克詘於貴不隕穫於貧不屑不潔季次原憲之倫歿四十年葬遂村之墳憲儀再拜陳軼聞犖犖大者如所云後世有述視此文

孫辰東傳

宗炎始讀歷舟先生會試之文而善之既而友同縣汪君煥曾為言先生立身立已嚴正有法度益嚮慕其為人比試禮部謁見先生京邸未能奉手有所受也先生歿久之季子憲儀以煥宗命從宗炎游請為先生葬銘諾而弗果為亦弗克葬嘉慶二十五年某月某日乃克葬先生烏程逸村步之原配吳太恭人祔焉將以宗炎之銘埋諸幽奉狀申請不可辭按狀先生孫氏名辰東字楓培號歷舟其先自餘姚遷歸安之菱湖曾祖某祖全鼎父賜書三世為諸生先生初名辰以縣學生舉乾隆二十五年浙江鄉試以會名三十六年進士及第官翰林院編修纂修四庫全書四五十五年順天鄉試充同考官九月三日以疾終於貢院距生乾隆某年某月某日享年四十有五娶太恭人同縣人生乾隆某年某月

某日後先生幾十幾年某月某日卒享年幾十有幾子三憲緒乾
隆癸未年進士官保定府知府遇覃恩贈先生朝議大夫憲伯嘉
慶二十四年順天舉人憲儀附貢生女一適某族孫一肇佳嘉慶
二十四年順天鄉試副榜貢生孫氏科名極盛康熙中先贍侍郎在豐
以一甲第二人及第官編修見部中會試第一先生起而兼之其文
醞肆而及於古當是時聲譽滿天下貴顯用事者欲羅致之令同
歲生通殷勤先生謝不往纂修得舉謄錄因受其賂遺惟先生不
可動以利總裁有所私詭言寒士且有才屬先生牘薦之及來謁
以厚幣謝先生色變立擯去欲追其牘坐是幾不得留翰林先生
不顧也為同考官力矯通榜之習病滯下校閱不少怠同列有
陰阻其所薦者憤厥肝張逐不可治顧其僕曰我即死歸語諸郎
讀書善自愛勿學為幕友壞心術先生與煥曾交最深煥曾佐治

獄有名聞先生臨歿言不復教其子佑楙也先生事親孝命坐乃坐不命之退不敢退有過則長跪謝俟色解然後起奉伯兄恭敬不以貴易行家酷貧不能具喪常假宗人之里居者殁而貧益甚茲是以綏最後憲儀遊京師主鄭知州雲龍詢知先生未葬以金俾歸而葬之蓋距先生歿四十年憲緒已前卒憲佑肇佳皆在京師獨憲儀來速銘

吴穎芳傳

吴穎芳字西林杭州仁和人祖父世業商賈家本富饒穎芳幼耽吟誦獨以靜默自喜年十五遭親喪悲泣居堊室不問人事主財貸者互爲姦詐損其貲之五六知之絕不與較篋中積稱貸券併取焚之曰家所自有不有之矣而向人索所有其能有乎嘗一赴縣試爲隸役所訶以爲大辱自此割斷舉業無仕進意居城之東北屋舍數楹池圃桑竹占屋之半與徵君厲鶚善至則欵之或與縱步畦隴間閑話史傳舊事人有過而聽者不測其何語也蔬菜薪櫃果實之屬不出門而具客坐稍久濁醪先進繼以精品又製一小筩寫賞花垂釣圍棋詩賦彈琴吹笛十數事每事爲一籤置筩中每探一籤以與各客不聽客去務

使竭歡人亦愛其通率為之流連不已如是者有年年八十終韻芳書

志讀書嘗怪鄭樵通志務與先儒為難于是取六書七音樂略

一一從流而溯其源其用力則自樂始謂律管音調諸儒能致

其說而不能習其器俗工能習其器而不能得其說遂以為不

可究詰案典籍證衆器成吹豳錄五十卷次及六書尊許氏之

說謂今本說文取一字為篆書而細書為注其實許氏原文上下相連皆當作大書如鸝黄為倉庚之名後人不知乃誤讀為黄倉庚也又許氏所列文字間有未備每於說中見之如某字从某則所从之字可以補正文成說文理董四十卷因六書而

及音韻謂字讀有古音有正音經傳反切皆經先儒審定不可執後人口音以取證成音韻討論四卷又因說文而考制字之原分類六曰觀象於天曰觀法於地曰近取諸身曰遠取諸物曰觀鳥獸之文曰與地之宜各溯其所從始而沿其孳生成文字源流六卷又取鐘鼎文字有成篇可讀者釋其文箋其義詳論其前後倒互之例讀之皆能文從字順成金石文釋六卷少與厲鶚交甚之學詩于是上溯漢魏下及唐宋諸大家熟讀詳玩成一詩數改而後定編為臨江鄉人集四卷其本尚平易詩

外家有臨江鄉人詩六卷詩尚清新其自序云古人讀書不專
務詞章卑爾糜露謳今僅抒所蓄之一二其胸中所蘊淵乎其
莫測也遞降而下傾寫漸多逮至元明以十分之學作十分之
詩無餘蘊矣次焉者或溢其量以出故其經營之處時露不足
如舉重器雖同一運用而勞佚之態各殊古人勝於近代可準
是以觀也古文尚平易詩餘尚婉曲作所不多皆不存晚年名益著通

政使雷鋐視學兩浙鳴騶訪之索太極講義而去武進莊存與
典試浙江事竣肩輿出郭索其律管諸解即吹豳錄中之一二
類也兼通釋典著唯識論文釋二卷又即論中條例指授學者
謂之五要須知更有觀所緣緣論釋因明入正理論後記因明
正理門論解各一卷東城餘庵僧蓮印西域慧安寺僧超塵各
受其書而傳之撰昭慶律寺志十卷又同寺僧輯律議法數三
十二卷又次釋藏中精語名曰大藏摘髓又為辯利院撰志四
卷院中有觀世音像五十三軸穎芳蒐採數十年足一百八軸
因作藏畫記一卷取爾雅博物志本草諸書證其同異聚物之
解毒者得百餘種造為丸名曰緣髓療創腫立愈惜其方不傳
以乾隆四十六年辛丑二月卒年八十卒所著書門人項墉朱文

藻校錄之藏於家鄉里後學爲之次第付剞劂焉

吳穎芳傳

吳穎芳字西林[illegible]仁和[illegible]臨江鄉[illegible]自號臨江鄉人其稱於釋氏則曰樹廬云先世居徽州休甯之黃源高祖繼泉曾祖珍之祖君容父岐生先生少則端重沈默寡言笑年十五而孤一赴童子試為隸所訶曰是求榮而先辱也自是不復應試壹志讀書嘗怪鄭氏樵通志務與先儒為難于是取六書七音樂略一一從流而溯其源其用力則自樂始謂律管音調諸儒能致其說而不能習其器俗工能習其器而不能得其說遂以為不可究詰案典籍證衆器成吹豳錄五十卷次及六書尊許氏之說謂今本說文取一字為篆書而細書為注其實許氏原文上下相連皆當作大書如鸝黃為倉庚之名後人不知乃誤讀為黃倉庚也又許氏所列文字閒有未備每於說中見之如某字从某則所从之字可以補正

文成說文理董四十卷因六書而及音韻謂字讀有古音有正音
經傳反切皆經先儒審定不可執後人口音以取證成音韻討論
四卷又因說文而考制字之原分類六曰觀象於天曰觀法於地
曰近取諸身曰遠取諸物曰觀鳥獸之文曰與地之宜各溯其所
從始而沿其孳生成文字源流六卷又取鍾鼎文字有成篇可讀
者釋其文箋其義詳論其前後倒互之例讀之皆能文從字順成
金石文釋六卷少與厲樊鶚交甚之學詩于是上溯漢魏下及
唐宋諸大家熟讀詳玩成一詩數改而後定編爲臨江鄉人集四
卷古文尚平易詩餘尚婉曲所作不多皆不存
及先生寠甚蔬食飲水怡如也村居閉戶不求人知與厲徵君往
還桑樁麥隴閒辨難不已過者聽之不知作何語也晚年名益著
通政使雷鋐視學兩浙嗚騶訪之索太極講義而去武進莊

存與典試浙江事竣肩輿出郭索其律管諸解即吹幽錄中之一
二類也兼通釋典著唯識論文釋二卷又即論中條例指授學者
謂之五要須知更有觀所緣緣論釋因明入正理論後記因明正
理門論解各一卷東城餘庵僧蓮印西城慧安寺僧超塵各受其
書而傳之撰昭慶律寺志十卷又同寺僧輯律議法數三十二卷
又次釋藏中精語曰名大藏摘髓又為辨利院撰志四卷院中有
觀世音像五十三軸先生蒐採數十年足一百八軸因作藏畫記
一卷取爾雅博物志本草諸書證其同異聚物之解毒者得百餘
種造為丸名曰緣髓療創腫立愈惜其方不傳先生娶於宋氏卒
娶其從妹子長泉乾象鼎皆諸生孫二鍾嶽鍾崑曾孫三邦
經邦甯邦珍卒乾隆四十六年辛丑二月年八十著書
項墉仁和諸生朱文藻校錄之藏於家

吳穎芳傳

吳穎芳字西林仁和人祖父世業商賈家本富穎芳幼耽吟誦獨以靜默自喜年十五遭親喪悲泣居壟室不問人事主財貨者互為姦詐損其貲之五六知之絕不與較篋中積稱貸券併取焚之曰家所自有不有之矣而向人索所有其能有乎嘗一赴縣試為隸役所訶以為大辱自此割斷舉業無仕進意居城之東北屋舍數楹池圃桑竹占屋之半與徵君厲鶚善至則款之或與縱步畦隴間閑話史傳舊事人有過而聽者不測其何語也蔬菜薪蘇果實之屬不出門而具客坐稍久濁醪先進繼以精品又製一小筒寫賞花垂釣圍棋詩賦彈琴吹笛十數事每事為一籤置筒中每探一籤以與客不聽客去務使竭歡人亦愛其通率為之流連不已如是者有年年八十終於家有臨江鄉人詩六卷詩尚清約

其自序云古人讀書不專務詞章偶爾露謳吟僅抒所蓄之一二流
其胸中所蘊淵乎其莫測也遞降而下傾寫漸多逮至元明以十
分之學作十分之詩無餘藴矣次焉者或溢其量以出故其經營
之處時露不足如舉重器雖同一運用而勞佚之態各殊古人勝
於近代可準是以覯也子象乾象昆邑諸生善守門業均能世其
清德

金甡傳

金甡字雨叔號海住先世由會稽遷杭為仁和人曾祖諱明遠江南興化縣主簿祖諱星瑞雲南師宗州知州考諱惪麐三世竝以公貴誥贈榮祿大夫曾祖妣褚祖妣朱閒人妣嚴皆誥贈一品夫人兄弟四人公次三行六伯諱虞康熙庚子舉人歷湖北孝感山西蒲縣知縣所稱長孺先生者也長孺先生以文雄于浙長公二十有二年以兄兼師及公學大成遂競爽為年二十一應縣試冠其曹入仁和學為諸生明年癸卯舉于鄉會試報罷歸益肆力于經史自司馬遷以下諸史窮年點勘數番不輟旁及他子集皆手錄考訂故其根柢之學莫邃為[illegible][illegible]秋母[illegible][illegible]感寒疾暴下殆甚公在外聞之狂奔歸中途籲天願手寫華嚴經全部歸而母僵卧氣息縷縷公俯首入衾以口鼻熨其臍嘻呵之良久腹中有聲

稍安眠乃投以藥竟愈于是日課手書經閲十二年而訖功其誠
孝也公淹公車者二十年中間客游山東者久之歲甲寅丁外艱
奔母喪力疾行抵臨津挈橐趁舟蹭折一齒困甚時
撰先生自孝感歸卜葬考妣得吉壤于南山之普福嶺乾隆六年
秋以鐵嶺梁公薦授國子監學正明年壬戌會試中式第一
人闈卷進呈上屢稱可之殿試一甲一名進士及第授職修撰
主廣東鄉試散館一等一名教習庶吉士丁卯充順天
鄉試同考官明年夏署日講官起居注又明年遷右贊善尋轉左
十六年實充講官充御纂詩經館纂修
典江西鄉試是夏六月御試翰詹二等擢左
庶子冬授侍講學士明年主山西鄉試充會試同考官
奉命督學安徽校士公勤竟日坐堂皇披閲巡行士習帖然

任滿二十二年奉旨在上書房行走冬授詹事府詹事自是直
講席者十七年直諒誠敬陳說正義啓沃學術根本尤惓
惓主復以是諸皇子皇孫皆重[illegible]之品學真不愧是選也
酉奉命督學江西請假由浙展墓乃赴任明年授內閣學士
又明年擢禮部侍郎三十七年奉使祭告南海時子三吾作
令于粵東得侍左右扈駕謁泰陵暨南巡者各一木蘭者
七賡歌之作成帙三十八年從蹕熱河遘疾仆于直次諸
城劉文正公以聞特予假秋九月奏請解任得旨准其回籍調
理明年秋疾痊乃得出都仍侍諸皇子皇孫及同直同朝諸公皆贈
以詩歌比之二疏有餘榮焉酉入京謁孝賢憲皇后梓宮再
詣書房與諸皇子皇孫執手相勞上賚大緞命即歸越二年撫
臣奏主敷文書院講席四十五年上五幸浙江迎送駕問賜

有加于是講課之暇常徜徉湖山與錢嶼沙方伯吳崑田編修諸公
[illegible]然進[illegible]為五老六逸會旬月無閒賦詩談讌鄉黨望之為神仙
性生平廉儉方正處事無鉅細井井有法度詩文數千篇無體不
具尤長于史在直廬與陳[illegible]諸公倡和限險韻數十疊不懈
益殫[illegible]開八袠作長律八十一首賅贍精警不減少壯性篤于
孝友事兩兄暨撫一弟䏚如也至于族戚年家若吉凶緩急謀之竭
慮不愛己力其取受必以義雖一介不苟[illegible]秋以疾終公生
于康熙四十一年壬午八月十五日亥時終于乾隆四十七年壬
寅七月九日寅時壽八十有一

余文儀傳

余文儀字叔子浙江諸暨人乾隆二年進士由咸安宫教習授刑部主事累遷郎中十九年授福建福寧府知府二十三年調漳州府二十五年調臺灣府二十八年遷臺灣道二十九年擢按察使三十年疏言命案最重買兇認兇閩俗尚氣好鬬貪利輕生奸弊百出請嗣後認兇之犯有旋經自首審明確據者買兇之犯照例加等治罪自首之犯准免罪所得銀兩比照告發之贓免追則認兇自首者不但得命並免追贓用財買兇者空失貲財而知必首告自無買兇之事其弊將不禁可絶三十一年疏言例載卑幼擅殺期功尊長妻妾謀死本夫等案承審官限一月内審解府司督撫各限十日審轉具題稍延例即參處此等重案禍積隱微釁非旦夕一門骨肉周親互相掩護尤難兇串供巧避僨承審官因限迫顧

慮處分稍有遷就即不無枉縱請嗣後承審官遇供證明確仍照
例辦理如果情節難明或經上司駁飭致例限稍逾並非無故遲
延者許督撫於審題時據實聲明可否免議出自
聖恩則推鞫
得益致精詳而重罪出入不虞錯誤矣俱下部議行三十四年四
月臺灣奸民黃教滋事
命往查辦文儀疏言黃教逃入深山見
獲逆黨韓筆等三十八人審明正法黃理等三十一人分別議擬
又疏報續獲李井等六人
諭曰余文儀到臺灣以後惟安坐府
城審擬案犯而於勦捕事宜置之不問亦未奏及一語若以身係
文職勦賊之事與彼無涉者然殊屬非是軍旅之事固不責之文
員係臬司大員非下僚末秩可比地方有此等大案豈可不一體
仔肩實心協緝縱文員不能親臨行陣獨不當督策將弁上緊勦
賊乎臬司原有奏事之職況余文儀係專派前往豈以一稟督撫

以為畢乃事乎余文儀安分畛域實係規避不可不示以懲儆著
交部嚴加議處總督崔應階奏黄教等已就斬獲俱係買綫緝捕
官兵並無當場殺獲之功余文儀不能查出武職冒功咎無可辭
得旨余文儀向為刑部司員尚能辦事且係文職著從寬以刑
部員外郎用十月補刑部陝西司員外郎三十五年二月命署
刑部侍郎七月三河縣書吏方國秀控銀號何彪年侵用藩庫銀
文儀偕邁拉遜赴保定鞫審尋疏言省城銀鋪與藩司書吏表裏
作奸何彪年承領藩庫傾換銀兩私行挪用事雖經追後還而原
辦之前任知府誇喀知縣郭玉並不詳報藩司觀音保置之不問
均請革職部議如所請旋實授右侍郎三十六年五月授福建巡
撫十二月奏請將福州府古田縣之水口黄田二驛歸縣丞管理
從之四十一年擢刑部尚書命紫禁城騎馬四十二年六月

疏言子延良係候補員外郎懇令在刑部學習行走 允之十月以老疾乞休 諭賞給太子少傅銜四十七年七月卒文僖居中外二十餘年在內自刑部郎至司寇在外自郡守至閩撫皆未嘗他徙于刑名尤爲精審而用事最詳練予告後杜門卻掃日手一編無異老諸生著有嘉樹樓集

周元理事

周元理浙江仁和人乾隆三年舉人[illegible]知縣十四年調

清苑縣遷薊州知州以[illegible]理改工仍留清苑[illegible]

丁母憂二十七年服闋補廣平府調天津府又調保定府三十年

[illegible]

須測量疏濬使水得順流達海上是之三月授山東巡撫十月

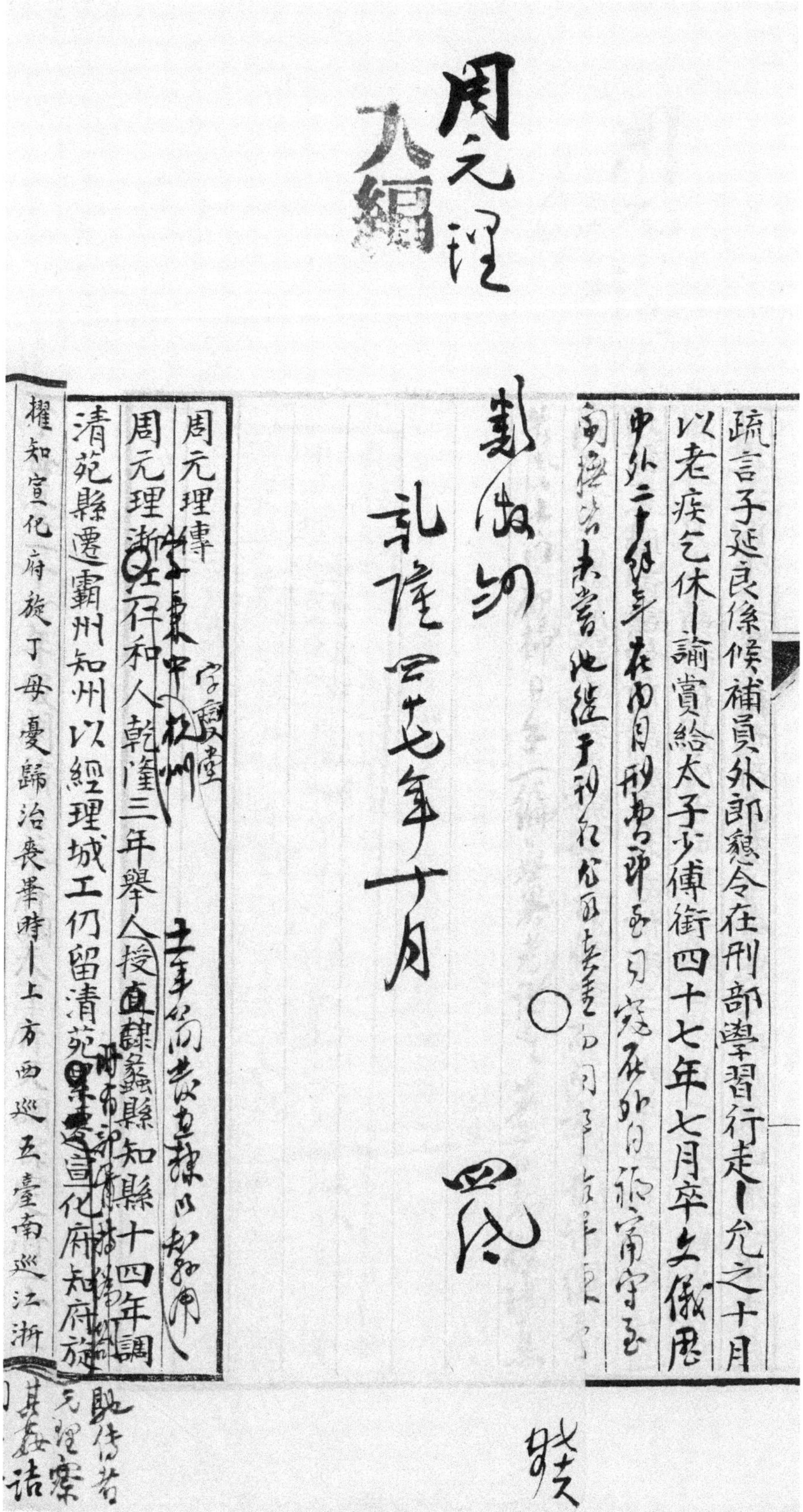
周元理
八編
周元理傳
周元理浙江仁和人乾隆三年舉人授直隸蠡縣知縣十四年調清苑縣遷霸州知州以經理城工仍留清苑[illegible]宣化府知府旋
擢知宣化府旋丁母憂歸治喪畢時上方西巡五臺南巡江浙
[illegible]
乾隆四十七年十月
疏言子延良係候補員外郎懇令在刑部學習行走允之十月
以老疾乞休諭賞給太子少傅銜四十七年七月卒
[illegible]

畿輔當其衝自宮館驛傳車馬芻牧諸役悉倚府縣官以辦主或
非其人往往藉端侵漁爲民厲於是諸大吏念公老成可專屬遂
奏起公統理諸務事集而民不擾二十七年服闋補廣平府又調
天津府時方　命大臣會勘津門五閘及永定子牙兩淀之宜疏
築者使者多咨公以決是年調保定府三十年晉清河道
清河道三十三年遷按察使三十四年擢布政使三十五年以
捕蝗不力降三級留任三十六年二月　命同尚書裘曰修總督
楊廷璋勘青縣滄州減河及河道閘座合疏言減河之設原因洩
運河盛漲非同閘坐啟閉兼以蓄水也今閘座皆高出河面數尺
當水洩既不藉閘板之積蓄則水發亦惟賴減河之暢流宜用滾
水石壩不應更立閘座其滄州之捷地閘形勢兜灣應改壩移近
河旁裁曲就直以順水性至減河每年遇水後往往受淤壅塞必
須測量疏濬使水得順流達海　上是之三月授山東巡撫十月

奏小清河發源章邱之長白山承章邱各縣河流及各泊之水至樂安縣達尾閭之瀟河門入海其北建軍張壩一分北條為支脈溝南條為預備河乾隆五年又於預備河之南接挑福民河以分水勢其自章邱至博興又有滸山清河麻大會城猴子等泊為納水之區本不應時有漫溢前撫臣富明安因逆東一帶入淄河尾閭二十餘里河淤水溢遂次挑濬然止治其流而未清其源以致涸出地仍被淹臣悉心籌畫惟有先將滸山清河二泊濬深開廣遇水發時有所停蓄然後聽其入河分注歸海又下游各河每年責成各縣農隙濬淤庶水患可弭報聞是月遷直隸總督三十七年正月疏劾三座塔監督長春私設稅局鞫實論罪如律三月疏言直隸雨多河漲通京一帶衝衢疊道閲久未修日漸衝刷小溝渠亦多未濬上年行潦無歸達旅多滯而溝渠淤阻漫海民隄

民捻在在衝決田廬均受其患應照以工代賑之例覈實估修今勘天津東門外之海河疊道又宛平大興良鄉房山涿州定興安肅清苑滿城正定新樂邢臺沙河永平邯鄲磁州新城雄縣任邱獻縣景州昌平懷柔密雲等州縣疊道悉係通京並山東山西河南衝途日就低窪跨道木橋亦多坍落又良鄉之茨尾雅河已淤官莊一帶河身幾同平地新城雄縣之盧僧河為分減白馬溝河之盛漲新城清河民捻雄縣東西南老隄並清河兩岸民捻均係迎溜要工任邱近淀民捻獻縣臧家南北兩隄偪近滹沱並有填淤衝漏應并籌覈請乘汛期未至之先一律興修勒限報竣諭曰應舉行者工歸實用可也時命尚書裘曰修閱直隸河工旋合疏言直隸諸水千支萬派總由三汊河為入海之道運河西岸則大清河會永定而出子牙河會三支黑龍港而出全資西岸疊

道堵橋穿運而東滙入海河今東岸自南倉下改為疊道盛漲時可徑達壩河淀不專恃海河為出口但西岸橋座向止十一昨委員估添六座臣等覆估又添三座多其出口俾無壅遏則上游不致受害至格淀隄原為隔別清運而設今子牙渾水自莊兒頭至當城以下漸次澄清其來甚遠而出口專注大經橋實為太偪向來於格淀隄之尾閻王家河俞家河建橋座與清河通流然過水有限以一隄支拄南北子牙與清河兩相衝激盛漲不能徑下徒費增修莫若自當城以下見衝段落改為疊道水大聽其自漫水小仍於行人便利并於疊道上酌添涵洞數座不專恃王家河俞家河兩橋則行水暢順而子牙下游澄清亦斷不至清河受淤

詔如所請五月雄縣民劉盡忠控知縣胡錫瑛盜賣倉穀命

裘曰修偕戶部侍郎英廉往訊得實定罪諭曰直隸散賑前據

周元理奏稱察覈所屬俱實力辦理民瘼實惠令雄縣之案地方官之辦理已可概見所稱賑務妥實者安在著嚴加議處部議革任得旨從寬留任三十八年二月上巡幸天津賜詩曰三輔羣瞻首善風文濡武詰寄攸同河工綦重水期晏民氣稍蘇慢詡豐昔以旬宣職克盡今推節鉞任逾崇佐人人佐道斯異挈要無過慮與公四月加太子少保六月上詢金門閘宣洩情形疏言金門閘舊有攔水單壩春間蒙親臨指示加長使有回溜過壩並令求賢北郵兩灰壩均照金門閘添築攔水一道以緩水勢即恪遵妥辦見在堤固溜緩並於河流去路一體濬治務使積淤盡刷水道暢利令永定道滿保覈定章程遵守得旨嘉獎十二月偕侍郎兼管府尹蔣賜棨同勘八旗在官荒地奏稱從前拋荒地畝多由水衝沙壓及鹽鹻石子施工較難收利亦薄漸成廢棄

臣等履畝察驗內有附近熟地之處儘可墾種及沙鹻僅蓋浮面稍去即有土可耘其時即有原業佃戶在旁面加曉諭此地墾成不但可收租息並免滋生蝗蝻大於農田有益況八年後起租實多利便伊等亦欣然認墾查八旗原報荒地一百餘頃今勘得可墾地五十二頃零在官原報荒地一千三百餘頃勘得可墾地四百十七頃零臣等酌議俟承墾四五年令州縣勘明如果成熟酌定租數報司存案俟八年期滿覆勘無異照租額徵收查墾熟在官地畝例禁典賣該佃自應永遠墾種至八旗荒地除有業主外照例入官徵收又沮洳窪下之區分別開溝洩水因勢利導其難資宣洩者無庸開溝以節民力下部議行四十年元理年七十七卒

三十九年

八月山東白蓮賊王倫等作亂破壽張堂邑陽穀犯東昌及臨清嘯聚頗眾奪糧艘為浮橋渡臨清運河掠西岸上以畿南地界臨清獻〇元理督兵扼守要害〇元理馳至故城令真定總兵萬朝興中軍副將瑪爾清阿集兵千二百人駐臨清西岸遏賊衛會大學士舒〇

率禁旅自德州至夏津而山東河南兵由東昌館陶扼西南要路期九月乙亥三路會勦先二日癸酉賊三千餘人渡西岸犯我師瑪爾清阿擊敗之賊潰已復合既而大敗明日我師奪浮橋賊退保臨清舊城會兩路兵亦至令萬朝興分兵渡河合擣賊巢庚辰王倫自焚死賊黨悉伏誅他被獲者分別輕重以次奏讞事畢乃

沿邊山口多產煤處令潘家口汛王[illegible]成應聽開採」詔允之十二月以歲暮錢價增昂請酌撥局錢發換以平市價」上是之四十四年正月疏言宣化府城外西莊臨柳川河為常峪青邊口外諸山水匯歸之所每遇汛漲直偪城根向有護城隄年久衝坍臣前年閱兵親加勘驗請改建石塘並築

王倫自焚死賊黨悉伏誅將賊黨首分別凌遲以次奏繳事竣乃
諭清舊城會師擊賊亦至○令諸路與合兵攻河合應劉漢康泰
爾清河擊賊入城擴已旋合擊南大賊明日救師奪臨橋賊退保
期九月乙亥三路會勦先二日癸酉賊三千餘人渡西岸已救師隨
舒赫德自德州至夏津而北東河南兵由東昌繼至西南來援
特諭爾清河集兵十二百入城臨清臨海漢護詰會大學士舒○
清教○皆兵於寺從[illegible]○與至故城令直史[illegible]兵部額興中軍副

還明年七十生辰奉召至京御書匾額及冠服朝珠上方珍物以
賜竝令紫禁城騎馬異數也四十三年奉命督造孝聖
月|上巡幸山東過天津|賜詩曰徵職洊臻幕府開京畿最久
更長才事無巨細無弗悉民有艱難有賴培莫詡駕輕斯易耳可
知責重益兢哉道途供帳寧須亟夏誘猶慚為度來九月同學政
羅源漢請熱河增建學校下部議行四十三年正月|詔改熱河
為承德府其酌改事宜令元理悉心籌畫旋請改八溝為平泉州
喀喇河屯五廳為灤平豐寧建昌赤峰朝陽五縣均隸承德設知
府知州知縣及酌教職佐雜俱下部議行五月奏熱河人煙輻輳
附近山岡多產煤處令潘家口汛土窯子山場見已試採煤旺窯
成應聽開採|詔允之十二月以歲暮錢價增昂請酌撥局錢發
換以平市價|上是之四十四年正月疏言宣化府城外西莊臨
柳川河為常峪青邊口外諸山水匯歸之所每遇汛漲直逼城根
向有護城隄年久衝坍臣前年閱兵親加勘驗請改建石塘並築

石坦坡以期鞏固報聞先是井陘知縣周尚親短價派買倉穀

復因修橋廟科派民錢三月劣生梁進文集衆毆役縣民李馥等

為之斂錢上控元理請懲刁風分別定擬未將派累之知縣劾奏

上以元理袒護劣員解總督任命尚書福隆安往鞫之元理

具服諭曰據福隆安查訊井陘縣民聚衆抗官知縣周尚親科

派屬實周元理袒護本應革職發往軍臺姑念其年老著革職仍

加恩賞給三品銜在正定隆興寺管理廟工效力贖罪十二月授

都察院左副都御史暫署直隸總督四十五年四月遷兵部侍郎

九月擢工部尚書四十六年因病乞休得旨准回籍調理加恩

給太子少傅四十七年十月卒於家年七十七遺疏入諭江蘇布政使前

往致祭一壇元理為諸生時採切[illegible]措太說遇像隱諸客奏[illegible]

客其處鎮元直忘未嘗不加意果收入錢以備私失歸[illegible]而

元理獨謂由有長者行人感歎云云之

來起峻傳

明蕭山何御史舜賓以請復湘湖水利為人所陷害子兢冒死復父讐卒能復湘湖之舊以成父志兢以此名聞天下稱何孝子事具明史我友來君江皋居鄉以孝行稱獨留意縣中利病不為勢力所撓規復水利竟以勞瘁得疾而卒事幸得直故名不出於里中然其志行與何孝子先後有相似者君子成磬請余為埏道之文余敘君之生平願為當世之有志於民生利病者告不僅為一邑言之也君諱起峻字魯登江皋其號也世居蕭山長河代有聞人為紹興著姓曾祖藻府學生祖長森考繼儒縣學生君生有異稟早歲能文章博覽載籍務得其要指乾隆二十四年舉於鄉三十七年成進士授戶部湖廣司主事先是君為諸生家居授徒藉館穀以營甘旨盤匜之奉晨昏之溫凊非躬親則中懷震

惕恐無以當父母心故未嘗輕出百里外公車六報罷即日歸四
千里往返父母按行程以計其歸日弗或爽也官郎署甫三月念
父母不置慨然日人之生依父母以生吾今者迺不知有生之樂
也即日引疾歸授徒如故侍侍親側談說故事間為孩笑相娛樂
或奉父遊行阡陌雖田父賤婦遠望皆起立相賛慕本市阡陌間
平生偶無苟語居喪哀毀盡禮至性為士大夫所難鄉居不事
表襮鄉之人亦不言眢化也然居家居勇於為義視縣中利病悉
昌言之舉行必盡善而吏胥之作奸者及豪民之牟利者率不便
且所為相與騰謗語或起而為難及持之不變卒以集事其於湘
湖水利為尤力相湖者眘築自北宋蕭山鄉田所賴以灌溉也屢
廢而復然惟何孝子之復湖為最難其事亦最著歲久法弛沿山
之陰涸為原奸民規為利數亙東西築之隄度以步者三千相望

謀占射勢未已[redacted]起峻省知之迺告縣中薦紳曰數百年衣食利賴之原奈何坐視其廢棄于湖為畝三萬七千溉九鄉田十四萬有奇今盜湖三百是千四百畝不得溉也是九鄉十四萬畝胥不得溉也豪民專其利愿民噤不敢言及今不治後習為常將使九鄉之田盡為焦壤邑中利害孰大於此非士大夫任其職疇任其責者皆曰諾則相率白於知縣知縣聞[redacted]起峻有孝行雅敬[redacted]及見[redacted]起峻辨論斷斷不置心嗛之廉得侵田者主名不時捕侵田者持有繫援招羣不逞之徒要王進士宗炎於途狙擊之宗炎[redacted]起峻之同志也[redacted]起峻從後至爭前裂[redacted]起峻衣以救得免侵田者大鬨勢益張明日知縣覈湖田歸獄槃夫薄其罪餘不問[redacted]起峻直前曰某令者豈有恩怨於其間哉侵田擅利者不過數人而九鄉之被其害者不啻數萬人明府縱欲寬此數人獨不為數萬人之生命計乎則曷不罪此數人

之侵田者以謝數萬人而以某一人謝此數人某無憾知縣面發赤合前後左證侵田者不能舉辭卒抵罪剗其隄湖復舊紹興環山而濱海厥土塗泥非湖陂為之渟瀦其清衍為之宣洩則歲事不登湖陂者東南民食之天也余家餘姚去蕭山二百里而遙餘姚西鄉有湖奸民射為田害及一鄉余選儒又居鄉日少目擊其害不克救聞君釐正湘湖事未嘗不自愧然湘湖在明中葉嘗盡廢矣何孝子父子相繼萬折不回再煩廷議始得復百年之利因以成其孝君某以順德孚於人故士大夫皆樂於從君而宦於其土者亦有所敬憚委蛇從君議然非君豫見萌芽迨盡廢之後出全力與爭亦難驟挽是則君先事弭患有德於其鄉者甚大推君所欲為上考古人兩山有川之勢高高下下則西北之水利可與惜乎君所為者僅試於一鄉也君又議繕西江塘由蕭山以

及山陰會稽爲江海保障量廣袤倨句之數計役授功庀材未蕆
會夏霖雨大至君冒雨循塘行號近毗具畚鍤以保塘而塘
內積水已盛漲田疇彌望成巨浸則亟走三江閘洩水以救田疇
雨甚舟幾覆跣足行十餘里闢啟水降田疇得無恙以此得病
病遂不起……所謂以死勤事者也殁後數月同
縣進士應簡何舉人其奏君成議繕西江塘告成縣人益思
君不釋……是亦君未卒業之志也君生於雍正六年十月
某甲子卒於乾隆四十九年某月某日年五十有七娶某
氏某安人俱先卒男子子一卽成龍名將學生女子子一適同縣
學生王鎮南成龍將以某年月日葬君於某原銘曰
辭祿養親哀慕終其身和順之氣卽之溫溫及其決大疑臨大
事而莫能奪者則由於勇以成仁志未及展而試行一鄉者澤

已被於生民古之鄉先生殁而祀社者君殆其人歟

作者朱珪

葉佩蓀傳

葉佩蓀字丹穎號辛麓浙江歸安人先世自宋石林公由栝蒼遷湖祖金聲考鳳池俱以君貴贈中憲大夫山西河東兵備道妣某與陸俱贈恭人兄弟三人鍾英鍾靈君其季也贈公治刑名館于某縣有盜株逮十餘人獄成矣爲抉其疑白令再讞之果誣也十餘人者皆釋是年太夫人實生君君六歲而母喪就學於外姓塾貧不能買書得架上舊書易本義請師授讀求其解不得曰吾他日必自得之十六從邑諸生吳三錫學制義三錫奇之而歎其以病失館貧甚不能具束脯欲改業泣不肎吳曰此子何可不讀書吾將挈而就館且飲食之何患爲及君既貴曰吾非吳先生不及此矣一日溫飽與吳氏共湖之人兩賢之年十八爲諸生二十庚午舉于鄉時年三十有三甲戌成二甲五名進士

分部試主事公卒奔喪歸服除試兵部車駕司員授武庫
司充順天鄉試同考官擢職方司員外郎武選司郎中
京察一等授河南衛輝府知府君能於曹務綜核詳縝及為
郡治大小獄懇惻明恕必得其情署開封調南陽益以廉潔惠民
為治卓異引見擢河東道其去豫之晉也南陽士民走送者
萬人初君與先君同舉進士最相得君時僑居城西南距余家
稍遠君與予同車出雖往城極東北必紆途訪君予方苦舌齟每
難之而不能挽也故早熟君歲丁亥予司臬湖北見君于衛輝及
君來河東而予司藩于晉為同僚又與君同年生察君之治河東
則真能為民者乃相得益歡君之講求水利疏涑水達五姓湖脩
謫之虞舜廟建書院教所屬躬行保甲而不援旌閭節孝不遺幽
習久而益勤暇則治易盡取漢唐宋以來諸家傳注及河洛先天

月卦卦氣變卦反對諸說必索其所以然然後擧而空之曰易不
在是也乾坎艮震以陰乎內巽離坤兌以從陽乎外天之本然也
易以乾坤爲體而二氣以乾爲元聖道之異乎老釋者乾德也三
聖人所言者不可增損一字三聖人所未言者吾不敢加著易守
四十卷再著按察使兩擧卓異入覲授山東按察
使時東撫與君異趣君確然自守惟盡心于刑之中曰吾所得爲
者不可撓也授湖南布政使試以碩果得爲君慶護
湖南巡撫事東撫以不先擧發吏議鐫秩奉旨降補知府
君入都請校書萬冊自效歲餘乃自劾還里語予曰某于易
究心十五六年若可自信矣他著錄尚書詩禮經義及詩古文
數十卷沈思勤學而心力亦瘁于是明年得嗽上氣疾予屢訊
僃之眷心養氣君領之竟以九月八日卒

孫希旦字紹周自號敬軒先世有諱桐彪者自永嘉徙居瑞安二十七都鄉曰集善里曰貽德其所居數十百家大抵皆孫氏土人呼之曰桐田賨桐乾祖德修妣某氏父珠妣某氏先生既貴祖父皆贈徵仕郎内閣中書加贈文林郎翰林院編修妣皆儒人蓋自徙瑞安至先生八世矣先生幼有異禀方垂髫見羣兒嬉戲獨端立不視讀書三四過即成誦初文林君以老學不遇祈夢於聖井山許旌陽祠夢神拊其背嘔出心肝紙上文林君愕然弗怡時先生方娠及生而穎異絶人乃悟曰紙者子也此欲我成此兒耳輒閉戶課先生讀年十二補縣學生後數年諸城竇東皋先生視浙學少許可獨奇先生以謂當為古作者時先生年甫及冠乾隆壬午舉浙江鄉試丁丑會試挑取中正榜中正榜者會試榜出主

司擇其當中而限于額者别為一榜引見以內閣中書國子監學正用乾隆以前舊制也而先生引見得中書辛卯補授中書四庫全書館開先生為分校官以父憂歸服除中戊戌科進士以一甲第三賜及第授翰林院編修復以母憂歸服除充武英殿分校官國史三通館纂修官四庫全書第一部成議叙加一級初修四庫全書大學士金壇于文襄公為總裁以王應麟玉海徵引繁博俾先生專任校勘至是上以葉隆禮所為契丹國志體例混淆書法謬舛又所採胡安國之論多謬説詔館臣多加釐定文襄遂并大金國志以屬先生其明年書成天子以為善勑部議叙而先生病矣今秘閣契丹大金二志世莫知為先生手訂也先生素清羸既為校纂官日有國史三通之役歸則從事二志而四庫全書尚未成天子屢下詔敦趣先生又在繕書所分校同館閣者遇所疑必就

之先生相質正又以其閒為門弟子講學至於場屋文字有來問先
生者必傾囷盡以畀而事煩或謂先生毋過勞先生殊不自覺
也已而林氏女卒於鄆城女幼許字林觀平壬辰進士鄆城令露
之子未嫁而婿亡守節于林氏尤悲之其秋遂病痢及痢已
猶不能行比冬初氣益逆喘急遂不起乾隆甲辰十一月九日也
成瑞安自入國朝至乾隆時逾百年而先生始為登朝官遂由科
甲入詞館驟以文章學術折服其輩行當是時先生名動海內天
子宰相皆奇其才方思有以用之而先生卒矣是殆先生之命也
歎先生自少善事父母與弟希旦盡其愛持己甚嚴而與人特
寬厚務在相接以誠居家不問生產及在官無車馬衣服之好而
遇人之急常務竭其力其為學務在博覽自天文地輿歷算卜筮
之書無所不研究為舉人時餘姚邵晉涵慱聞士也與先生遇於

舟中初未知書也及與論經史百家先生滔滔不可窮乃大歎服才固不擇地而生也于是襄主戊戌禮闈得先生所對策讀之曰使他人檢書為之不能有此及榜發同年生大集謁主司主司見先生退然居人後即手指使前以語諸進士曰諸君當師事可也其為當時推重如此先生既以文學為諸公貴人所慕嚮而平生彌自矜惜不苟趨勢利在內閣時將應會試翰林某欲援以關節先生笑弗受及在翰林大學士和珅慕其名使人諭意指先生絕不一往遇鄉會試輒前期杜門謝客雖密友不得一見其面既卧病國史館猶月致公費錢先生輒以在假辭不受同館者皆以為難其於程朱之說尤篤信之而務在實體諸身嘗曰學道而以為名吾所恥也前卒數月嘗為觀心之詩有客感消除非外捷主人閒暇且安居之語及疾亟又口占為詩曰人禽相去只幾希夭

理橫流人欲微病裏靜言半生事茫茫四十九年非可以觀其所得矣先生雖瘦弱而氣特清峻靜深見者皆知為端士為諸生時善舉子業頗自喜嘗自言曰我平生它著述不敢自信至制義則透過來矣又自謂其文過羅文止但不及章大力然自以喜金正希陳大士故不利科舉若陶菴入則當早得科矣其於諸經尤深於三禮辛卯以後始專治小戴注說有未當輒以己意為之詁釋謂為之注疏駁誤己亥居憂主中山書院乃益取宋元以來諸家之書推廣其說為集解五十卷其大指在旁參羣經以證明四十九篇之說又博援後儒以疏通鄭孔之學故論者謂先生之言禮於其名物制度考索精詳可以補漢儒所未及而其深明先王制作之精以即乎人心之所安則又漢儒所不逮也然先生常自言讀禮經當如目親見之而身親行之則其著書之指亦可見矣禮註既成

方欲治周官儀禮謂門人曰若四分官書事畢再得從事二十年當可卒業而疾病不及為矣非可惜歟其它論著有尚書顧命解一卷求放心齋詩文集若干卷而詩尤清遠有王維孟浩然之風今也文多散佚而詩猶為世所傳誦其時文臨海門人張[illegible]河清刻本[illegible]前[illegible]顧凡山教諭又增刻之禮注顧命解則子弟[illegible]鍔嗣頊[illegible]刻之距先生之卒八十年矣先生生於乾隆丙辰十一月二十日其卒也年僅四十有九[illegible]嘉慶十八年[illegible]傳四十有[illegible]

陳奎傳

陳奎字掌文有寶山縣人幼英毅絶倫嘗言學當爲萬人敵徒事佔畢無益
也遂奮志從軍隸水師營能識風雲沙線老於操舟者不能及乾
隆三十七年推升吳淞叅將旋授京口副將又數年奉特旨洊
擢蘇松總兵駐節崇明入覲｜高廟｜垂詢海疆形勢奏對稱｜
旨｜賞戴花翎奎以受　恩隆重益思圖報所轄羊山馬蹟盡山
花鳥爲自來匪徒潛匿處靡不悉心廵緝三十一年秋崇明洊饑
哭民嗸嗸待賑當事者有難色奎力請至再得允行全活甚衆民
爲勒石頌德四十一年秋赴都述職以年邁乞解任｜高廟在熱
河召見｜溫諭慰留又二年七月授江南提督年六十九矣奉｜
命簡閱親標五營一以飭戎行習韜略爲諸將勗舊例親標兵卒
於青黃不接時有鹽款接濟其外屬沿海之金山柘林青村南匯

川沙劉河不得與奎查鹽規有餘積疏請均攤各營得旨俞行軍民賴之卒於官近聞者皆流涕奎性沖澹自奉簡約俸入量親戚之貧乏者給之不暇謀生產此亦人之所難

沈榮昌傳

沈榮昌字永之號省堂歸安人乾隆十年進士父柱臣為縣粤東以事被逮榮昌走京師積賫文貲贖父罪時有孝子之目初任山西文水縣縣有永賴渠湮塞久開濬之引水以灌田三年而後成賚不及民在霍州引汾於州西玉玲瓏山下創渠曰環翠民食其利於州之李詮莊祠祀焉乾隆己卯陞河南懷慶知府值河決親督畚築夜宿危隄三日隄完水漸平乃踰雉堞入城大出倉穀以賑丁艱起復授蘭州府調平涼府乙亥陞陝西督糧道丁艱服闋授雲南驛鹽道前撫李奏將各商鋪鹽盡歸官鋪以杜私販官吏因而籍戶派領民大譁榮昌言於新撫裴宗錫請還商售先課後鹽依限報銷以免强派之弊奏入允行民便之因公鐫級以同知發河南用四十九年擢江西鹽法道明年調江西督糧道

卒年七十四著有成志堂詩集棨昌任事詳審起家牧令知民疾苦常刊列爲政事宜手授屬吏如老嫗訓兒諄諄千言雖聽者欲臥不輟也

邵陸傳

邵陸字東行一字元圃以優貢生充鑲白旗教習旋舉乾隆十五年順天鄉試又二年期滿以知縣用二十一年授甘肅莊浪縣伊犂方用兵陸籌辦軍需惟謹而不廢民事莊浪地确民健訟倉儲不充而旱雹頻仍為厲陸知其故方春民上狀借子種不許有謗者陸持之益堅五月縣東南大雨雹陸行視喟曰此發賑時也立出穀令民翻種其冬熟收糧亦邀恩豁免民歌其德二十四年甘肅普旱倉不敷給陸請撥糧協濟上官不許乃竭力捐賑得穀三萬石設粥廠分哺之全活無算旋以告養歸服闋起補原官莊浪民喜相告曰此十年前邵父母今復來也會大府檄莊浪修縣城陸以民食財用無所出憂之甚父老數十輩造門請曰公恩我多矣民懼無以報耳修城以衛民也公興事必不厲民但出片紙誰

不踴躍者遂興工閲九月而竣民如其私先後辦送農具軍裝駝馬車袋騾口凡十一次皆自捐廉俸不以一錢科諸民三十五年擢四川會理州未抵任調署酉陽金川又用兵檄派夫價運米津貼諸費按糧均輸民自封記投櫃吏無從上下其手最後派運月米陸以州屬歉收懇請得免州城至瀼河壩逾二百里路多崎嶇陸捐俸剏修官民交勸得錢六百餘萬緡三月工竣遂成坦途屬邑秀山改土四十年無學宮力請建造以重文教邑人賴之陸性寬厚而折獄稱神明莊浪馬生失驢月餘矣一日見有牽驢過門者狙奪之已而審非己驢也翦其毛以亂之兩人者牽驢求決陸視毛翦處瑩且新詰馬生曰若竊汝驢必不敢牽驢來驢毛若所翦若何不翦之於先馬愕然吐實乃釋之窃賊被獲以小忿扳二人有地姓而無主名者令役雜引一人來則叩頭謂然陸起曰是

誣板也痛予之杖縣民逄静民爭母牛毛無以别倣故事問之曰兩家俱有子牛乎曰有則命以來使就乳一就一不就乃遂縣民歸逄静民牛石氏兄弟素親睦子弟皆為諸生一日爭伐公木憭篤瘟辭以訟譬説再三不聽逄曰是不必以理諭也情感之當解令其兄弟諸子相向跪置不問有頃兩生喃喃語語罷而泣逄前諭之曰若知悔乎曰悔矣曰木將安歸曰兄弟皆不忍有矣請公之以修義學誌悔過也曰孰曳之曰白曳之耳翼日果曳以來親睦如初酉陽商民周姓夜被殺鄰居遼隔門閉貨物存但失日用簿一冊耳懸賞購究踰月獲五人訊之謂釁起賭錢也再踰月周姓子至言其父約束嚴無此事五人者供辭游移逄甘受處分詳訴疑竇請委員同鞫上官從之會審二次得其情五人寃遂雪程氏兄弟夜捕賊刀梃交賊仆割其兩耳遲明視之則族兄素

無仇者也移置水洞中圖滅迹而遺其草帽其子得之報於州訊
其故實盜麥者上官以傷重疑其故殺陸反覆力辯卒從末減其
明恕多此類也而任州縣遇旱暘禱雨輒應民有病疫病鬼病妖
者疏告城隍神或硃書鈐印懸之中堂背立起人益異之在西
陽州時推州官私擅之利歸於鉛廠以免其賠累尤人所難及云
四十一年以老乞休家居十年卒

廠

姚成烈傳

姚成烈浙江錢塘人乾隆十年進士授吏部主事十四年遷員外郎是年丁母憂十七年服闋補原官二十二年三月遷郎中五月遷山東道監察御史十一月奏山西沿邊大同寧武朔平保德各府屬州縣例納丁糧每上丁一名完銀四五兩有逃亡故絕者以本姓頂補致累里甲户族請敕下撫臣查明各就該州縣人民實數均攤下部議行二十四年五月因雨澤偶愆奏請緩刑諭曰御史姚成烈奏近日雨澤愆期正清理刑獄之時請將尋常處決案件審明定案之後牢固監禁暫緩奏請處決等因一摺已照所請敕部施行矣第該御史所請尋常處決人犯原指拉林逃人佟起琴等一案而言該犯等以行竊發遣在配逃回尚非干犯名義麗於十惡及强盜不赦者比少緩時日正自不妨如殺一家非

死罪三人及妻妾謀死本夫強盜殺人各重犯仍當照例決不待時為情法之正易稱明慎用刑而不留獄若以上各犯亦令其監候豈非留獄反干天和朕焉目焦勞靡間寢食然明罰敕法務在協中亦不肯以姑息為求雨之奇術也其敕內外問刑衙門知之閏六月掌京畿道監察御史十二月擢禮科給事中二十七年京察一等六月巡視南城八月授江南常鎮揚通道二十八年調江安糧道三十年丁父憂三十三年服闋授江西鹽驛道旋調江南糧道三十四年三月以會審潁州府知府史魯璠與太和縣知縣郭世誼交結亂法案詞連廣德州知州明福畏罪自經部議失於防範降一級得旨從寬留任七月擢安徽按察使十月擢江蘇布政使調江寧布政使三十五年九月以蕭縣知縣謝宣捕蝗不力不行查參部議降二級調用得旨改為革職留任十月奏江

南科場外簾五所向派官二十三員俱係揭曉出闈應請照順天例收掌二員應俟揭曉其餘陸續蕆事即行出闈下部議行三十六年四月調廣東布政使上諭曰高晉奏汝不勝繁鉅之任以朕看之亦然故調汝簡處若再不勉力改過是自取罪戾矣戒之六月奏廣東駐防八旗及水師營各官兵俸餉每歲額撥各州縣米八萬六千七百餘石內有因事故停支糧米又乾隆三十三年十二月奉文革退幼丁兵缺亦有扣除餘米自三十年至三十五年共積存二萬有奇請將此項米乘時出糶以濟民食並請嗣後積至萬石即出糶一次三十七年八月奏常平倉穀春夏平糶秋冬買補近來地方官往往因循不買請嚴定遲延處分十二月奏鹺賈行鹽異鄉子弟許就近應試設額取中至截取銓選並不迴避商籍請照寄籍例一體迴避均下部議行三十八年八月奏寄籍

童生已滿二十年准其與土著一體應試又知縣銓選經部驗看
改教職暨不勝民社督撫改奏教職俱照請二等舉人並病痊終
養起復人員例准其在本省呈明聽候派委得旨允行著為例
四十年五月奏粵東十郡及廣州通判均有額定倉穀因府倉無
須借糶撥給州縣碾放兵米秋成補還歲需運費二千六百餘兩
第碾支平糶既經改歸州縣府倉已成空名似可并免解領之費
嗣後請徑歸各州縣存貯下督撫議行四十三年以嘉應州決囚
脫逃部議革職奉旨姚成烈究係藩司刑名事非所正轄從寬
免其革任四十四年五月署廣西巡撫六月因江蘇藩司任內開
造碭山等縣糧冊數目舛錯部議革職諭從寬留任尋奏拏獲
糾匪騙錢之李萬春等得旨嘉獎七月回廣東布政使任十一
月擢廣西巡撫四十五年四月奏參武宣縣知縣陳震因委辦滇

銅告病請休致諭曰姚成烈奏派運滇銅之武宣縣知縣陳震患病勒休一摺已批交該部知道矣此等派委運銅人員如果有趨避推延情弊自應奏參治罪若不過患病驗明屬實祇須奏請勒休另委妥員接辦乃該撫摺内有該員見在患病據實奏參字樣試思患病有何應參之處姚成烈何不度事輕重若此即將此諭令姚成烈知之五月奏桂林府糧捕通判有監放兵米拘提比捕之責向來串票文移俱憑木刻鈐記恐滋詐偽請給關防十月奏錢局鼓鑄請改委鹽法道經理俾臬司得專力刑名又思恩府知府並該府經歷司獄所有苗疆字樣係空名應改歸腹裏又潯州南寧二府司獄事簡請裁汰歸經歷兼管改設桂平縣穆樂墟宣化縣壇落墟兩巡檢以資防緝均下部議行四十六年二月以廣東布政使任内失察交塘盜匪案部議革任得旨寬免閏五

百人元啟為學以宋五子為宗說經尤精於易而為文一本韓子撰讀韓記疑十卷周易四書講義史記漢書韓非子墨子歐曾王文集及錢文子補漢兵志諸書校正評注凡若干卷惺齋論文句股九章論祇平居士文集恭壽堂家訓若干卷凡嗜學多文之士知考訂者輒多厭薄宋儒以自喜今學者之通患也元啟先生專極羣書勤考證工文詞而篤守程朱之旨終身勿貳論人不懈若先生者可謂真儒矣既病革猶補注周易下經及易贊前一日猶命子尚繩改定順宗實錄記疑條中二字蓋其貫天人古今之精力畢世以之先生生於康熙五十三年七月廿七日卒於乾隆五十一年七月[illegible]日年七十有三

王元啟傳

王元啟字宋賢嘉興人乾隆十六年進士銓福建將樂縣事棄職歸以算法始於句股撰為句股衍一書分甲乙丙三集甲集論開平十法為句股因積求邊起義次論立方以及平方法再論和數開立法以盡立方諸法之變為術原三卷乙集兩卷為相求法百三十二則之綱要故名曰綱要丙集即相求法逐則分之以發明立法之意凡四卷敘之曰句股弦相求法參以和較凡得七十八則求句股中函數又有冪積之數容員容方容縱方及依弦作底求容方與句股求外方外員之數又有積數與句股和較相求容方與句股餘數相求之法綜計之又得二十九則立表測量得求高求遠求深三則重表亦然舊算書多簡略不備詳者又苦錯出無緒嘗意為區別使各以類從先定相求法百三十則一一盡通

其故運思布算特比舊法為直捷而舊法亦不敢沒附見以致參
考至以中垂積數與弦之所和所較相求而得句股弦之正數其
法為舊算書所不載今亦竊擬一法以附於後又別勦截弦分兩
及補句求股之法分為六則並載不成句股求中垂積數二則容
方容員四則外切員徑一則員內累求句股六則凡又一十九則
以該西術三角之算兼備割員之用使學者知周髀一經於術無
所不該後人不能旁推交通以盡其變故使西術得出而爭勝而
其術亦本周髀總無出於折句為股之外也其略例引言曰算家
句股一門非鑿指一數以為布算之準難以虛頒其義然如廣三
修四見於經者特其正例正例外變例尤多必欲正變兼陳則彼
此錯出使閱者耳目數易轉增煩憤茲特標舉數端以為略例並
不成句股之形亦附見焉以盡句股之變也并附答友人問句股

書曰欲求句股必先學開方法方有正方縱方之異縱方則以倍廣之和較數開之其次則求四率比例有三率求四率之法有二率求三率之法又有一率求三率之法知此即可以求句股弦無零數之法以三率之中率為主倍中率為股首末二率相減為句相加為弦依此衍之得句股略例十數則然後以句股弦為正數兩數相加為和數相減為較數又有弦與句股三數加減之和較數弦與和和弦與較和三數相加之和數也弦與較較弦與和較三數相減之較數也三數相加減今名之為兼三和較凡正數和較之數各三兼三和較數各二共十三數十三數中隨舉兩數即可求句股弦全數凡得相求法九十四則而其中容方容員及截弦分兩與夫立表測量又有單表重表之法猶不與焉其次則求截弦分兩之法是為一句股分兩句股之術可以知不成句股亦

可以分兩句股即西法三角算之所由名今則總以句股槩之其法取大小兩句股形小股與大句同數者為一形即為不成句股之形分之為兩則所謂中垂綫者即小句之股大弦之股大矩之句以此衍之又得不成句股五十餘則於此求之又得合形分兩削形求全二法合形分兩則有正合形截偶分兩反合形截中分兩偏合形截邊分兩之法削形求全則有削去正矩削去偏矩之殊偏矩中又有淺削深削之分知此則平句股之學盡此矣雖本舊法而分條析目及入手前後之次悉出新意其標題名目及運思布算多有不循其舊者更有舊法不載而以意補入者其後嘉定錢塘讀其書謂為獨絕題書後曰開方句股之法刱始於九章周髀二經自後算家遞相推衍至宇梅勿庵之少廣拾遺句股闡微幾無餘蘊矣惺齋尚以舊術為繁也更立簡法著書若干卷先

以開方究其原繼於句股窮其變以開方為句股所取資也統名之曰句股衍余問箸書數十種皆卓然可傳算其藝之一耳猶神明變化若此比者考求律呂若密率方員周經未免乎比例之煩也竊自刱法以十倍經積為周積十分周積之一為經積又以員積自乘而十六乘之則十分一為方積之自乘方積自乘而十六除之復十倍之為員積之自乘由是以得周經方員也不過開方而已其數視密率稍異而驗之器物似較密焉惜乎先生已歸道山不獲面質其是非也元啟有史記正譌分律書厤書天官書為三卷漢書正譌總為律厤志二卷合之名惺齋雜箸又有厤法記疑角度衍九章雜論若干卷其草皆藏於家

朱珪作
丑年學識

梁國治傳

梁國治字階平號瑤峯又文標官刑部主事年十四以制藝書
法見賞於學使雅公紀糊順天通州人學第一人十七丁外艱十
九舉乾隆辛酉科鄉試明年考取內閣中書歸本籍戊辰會試
中式殿試一甲第一名賜進士及第授職修撰未幾以丁憂歸
乾隆十六年散館十九年遷國子監司業二十一年充丙子科廣
東正考官復命奏對稱旨命往廣東以道員用明年補惠潮
嘉兵備道二十六年恭祝皇太后萬壽至京以卓異引見特
旨署都察院左副都御史以巍科清望出試吏事至是超擢卿
貳聞者翕然明年壬午江西鄉試旋視學安徽擢吏部左侍郎
三十年調江蘇學政提倡群雅鑒別茂異江南北士蔚然宗之會
以署廣東糧道失察折色事牽連落職議勘明年事白授山西冀

寧道三十二年授湖南按察使時班司臬湖北鹽道經武昌登陸
臥巔涕自誤契濶終日不及陞擢事三十三年授江寧布政使明
年擢湖北巡撫兼署湖廣總督及荊州將軍是時官兵征緬甸
振旅過境公躬勞拊且鎮之序行無譁奏定施南府屬宣恩來鳳
咸豐利川學增額有差三十六年調湖南巡撫公以經術勤吏治
清風惠氣不嬈以孚三十八年特旨召內直軍機處署禮部侍
郎時致書於公曰閫外以封疆大吏入贊密勿願以清吏源培民
脈端士氣三言為獻公不以予為迂也三十九年命直南書房
補戶部侍郎自是召對扈從無間晰民充經筵講官賜紫
禁城騎馬第宅冠服之賚便蕃有加四十二年典順天鄉試擢戶
部尚書四十七年加太子少傅明年以原官協辦大學士歲庚子
甲辰再以扈駕南巡賜假省墓鄉黨榮焉五十年與千叟宴

於乾清宮殿上復授東閣大學士兼戶部尚書以文學受知在
帝左右敬慎縝密寵利不居潔躬沖度粹然儒者在昔有宋龍
首入黃扉者九人有明一代十有七人而我國朝得五十餘年
以來遭其三焉公躬際　文德武功之盛雍容大雅退食沖淡有
不知讀書宰相者其天性學養皆不可及也公體素清羸五十一
年伴至　上遣官暨侍衛傳旨存問越月十三日
君以奏聞　上軫悼晉贈太子太保命皇子往奠賚白金千兩治
喪賜謚文定公始終承眷惟其醇謹慎信之者深也於乾隆
丙午十二月十三日卒年六十有四方之大魁也臚唱前二日
故大學士傅恒忽晚對時與讀卷糊名猶未啟
上遽問第一何人對曰梁國治　上問何由知之曰
軍機行走中書臣素辨其字跡故也及奏名　上不復易

成人十七丁外艱葬
祭於禮頗[illegible]
處所學伯兄國[illegible]

[illegible]

十月二十有一與伯兄同日生公母也故終身不稱觴及秉
樞要壽日賀客盈門公下值即避居靜室或潛窺之淚涔涔不自
禁也事孀嫂禮敬如母撫湖北時聞李錫堯棟入翰林稱子適
有孀學而嬉者嫂名公至前責其不課子語涉煩瑣公正欲退出嫂
遽呼曰若厭聞吾語耶即指所坐堂下曰若姑止此因故為媒[illegible]
數責之聞者至不可堪公不少動俟嫂氣漸平始徐徐出一府賓
客傳為異聞公訓子弟曰為學必能變化氣質乃為見公否則臆
口說耳公生平無疾言遽色人謂性之優也公自謂少頗卞急二十
歲許力矯持之漸近自然以此知人氣質無不可變者也門下士
有薦按察使幕主刑名者則曰心術不可不慎其人請改治錢穀則
曰人知錢穀善於刑名不知錢穀厲人十倍於刑名也座客詰請
其說公曰余長户部有年每判錢穀文牒惴惴如刑部長官之勘

鉅獄殆過之也夫刑名不過（慎）不過殺一時人所殺亦必有數且亦
人所共知錢穀而不審慎當時不覺近數十年遠或至數百年時常
有無窮之人被其流毒且未有以已也妹婿李君浚原故長者以
好學愛才所至名士如歸公退論文見之者如對山林高逸篤故人
誼貧賤交終身不忘晚秉樞要從游益廣渾穆中涇渭秩然有條
人矣曰豐且不敢況於豐乎且松柏自貞無故貞之松柏不足為
喜蒲柳羞矣蘭芷自馨無故馨之蘭芷不藉為榮猶蕭艾矣故君
子之於言也德怨之所府也榮辱之所樞也必也出之如不得已
則寡所尤公精於衡鑒主江西試得一卷賞其閎肆取列前茅俄
房考薦文有以闌練賞者公一再閱曰二卷面目迴殊而神氣陰
肖殆出一人之手故為貌異眩有司也因併斥之且誌其說於卷
乜而果然江西士子至今以為美談遭逢　國慶朝士擬進詩頌

詞賦先録副稿求正公之戲糊衙名俾學識試第甲乙學識擇其
雋者居前公覆乙其首送曰文佳而意有所違非誼士也文者心
聲言語之工則其貌也故論文宜辨心術有門下士一朝晉謁干
請至六七事皆非可輕易得者旁觀至爲咋舌公色不動徐曰事
待商量可也其人既去座客或笑其妄公曰躁氣見矣恐有憂患
其在家庭間乎俄報其父憂其靜鑒如此愛才樂育歷中外所
至名士如歸晚秉樞要門下從游益廣氣類異同兼收並蓄外雖
渾樸中自分別不啻涇渭之攸殊也嘗訓諸子曰余少長貧賤見
學子得列名鄉校望之如登天然今若輩見翰林甲科出吾門者
視同儕輩比于農子可謂不知稼穡艱難者矣若輩不自努力一旦
及父終年猶欲視儕輩者假若一蹴笑矣乎律身清儉
不名一錢俸入輒隨手盡三黨皆德之詩文典贍書法得唐人風致

著旨敬思堂文集

壽同春傳

壽同春名星以字行號芝厓晉人遊幕閩中嘗渡海至臺灣考其風俗人情苗疆海道甚悉值林爽文倡亂疊陷彰化諸羅鳳山不旬日從亂者累數萬郡城戒嚴淡水廳同知程俊新莅任方駐大甲防堵而竹山之賊乘閒據淡水城劫府庫程俊之子某挈印內渡俊䰟於兵前任同知劉亨基合家殉難賊繫同春且問計焉同春紿曰若以烏合之衆頓兵荒城無積儲何以持久分則強合則弱若宜自為計賊以為然脫同春械分其黨四出劫掠留守者無備同春客淡水久胥徒皆習識潛出募義勇宿李如梅家賊詰旦已擒馬革裹屍還豈意重逢大海邊千里烽煙雙眼內百年痛哭一鐙前惟宜殺賊匡時急共望同仇矢力堅對此洶洶難袖手救民水火息戈鋋民稍稍集遂閉城縛叛首王作等騈斬之餘賊

讋不敢動一一就縛抵於法乃益招集難民憑城固守伺賊少懈輒選鋒出擊挫其銳賊懼引去同春有賊退後寄感詩曰白髮感飛蓬蒼生泣斷鴻干戈百戰後兵火一年中辛苦疲筋力艱危仗樸忠堪憐城外地處處血流紅有丙午十二月至丁未四月淡水孤城兀然獨存同春力也先是諸羅彰化鳳山次第為官軍克復而鳳山再陷於賊勢益披猖臺南北音問隔絕五月徐夢麟奉檄署淡水同知知同春才延佐軍務招安白石湖難民勦金貂尾賊寨擒叛弁彭喜皆同春經畫之力有探金貂尾賊寨詩曰不辭眉險上金貂滿眼荊榛首並搔衷甲暗行叢箐黑銜枚直踏亂雲高林深狐兔藏身固秋老豺狼踞窟豪為有胸羅兵百萬穴中小醜那能逃時夾文方據大里杙負嵎自固官兵環營犄角莫敢深入同春謂夢麟曰賊恃其衆數且累萬胡可勝誅不如直擣其巢

賦

爽文擒則羣賊瓦解矣慶麟用其計三上書提督請分六路進攻遂移軍大甲約鹿港官兵剋期並進同春率師由西路入駐烏牛闌鹿港兵失期同春以孤軍近逼十三犂地伏發馬蹶被執至大里杙賊以刃脅降同春從容賦詩曰今日臣心盡從容甘殺身黃沙堆白骨碧血化青燐報國靈猶在除凶志未伸所欣芳潔體異彼作降人賦畢大罵賊遂支解之時年七十一事聞
詔國史立傳予雲騎尉世職子聰官縣丞
特旨以知縣用嘉慶三年奉
旨祀昭忠祠著有閩遊政草芝厓詩集

翟灝傳

翟灝字大川後改字晴江翟氏世居汴明處士應隆始遷仁和之臨江鄉三傳至瀅含封公號先生其仲子也性簡訥好讀書家素饒裕有賈業於京師封公使先生北去督之因得友當時魁儒傑士以益砥於學每晝則與賈人子伍操奇嬴握籌算凡尺度淳制貿劑之屬悉經理焉入夜閉一室一燈熒然讀書不輟漏四下始寢或竟夜不寢已寢客至不得通戶懸小鉦若鈴索然客或擊之於戶外頻擊鉦弗應日昃中起復治賈人事率以為常作為詩文閣中肆外京師諸先達漸有知先生者杭郡鄭筠谷金江聲杭堇浦諸先生咸與定交以國學生屢試京兆不利乾隆癸酉舉本省鄉試第六人明年成進士名日益起諸先達爭欲羅致出門下而先生性朴直恥以呈身博高第謝不往名列三甲中例選知縣先

歎曰非吾所能勝也吾不强不能取悦上官即不以墨敗終當以不稱職罷矣投牒銓部改就教職丙子教授衢州越六年丁父憂以歸繼丁母憂服闋需次十年補金華教授又六年以年至乙休又三年歲[illegible]生平無他嗜好壹志於書自經史外苟可資多識者靡不覽諸子之瓌論百家之瑣語山經地志之異聞荒冢破壁之奇字包孕而貫串之下至街談巷說亦必考所由來有所聞輒劄記之意或齟齬則旁參互訂穿穴以求其合自壯至老手搦翰一管譔述無倦目短視離璸纔寸客至前不知也教人必以誠有以古書義質者如繰絲如決奔泉反覆數千言不竭所著四書考異爾雅補郭湖山便覽草塘辨利浣志通俗編無宜齋詩稾已板行於世未刻者家語發覆周書考證山海經道常說文解經證漢書藝文補志太學石鼓補考艮山雜志龍

井記略南澗理安寺志資福院志三衢可談録玉屑筱涉獵隨筆

平皋小隱詩話桂隱詩話桂隱百課箋歷朝著題律選無不宜齋

詩文全稿藏於家

陸費墀傳

陸費墀（字丹叔號頤齋）桐鄉人乾隆三十年丨南巡召試丨賜舉人授內閣中書三十一年進士改庶吉士三十四年散館授編修三十五年充順天鄉試同考官三十八年二月丨命儒臣校覈明代永樂大典丨詔求天下遺書開四庫全書館選翰林官司纂輯以墀充總校官十月充日講起居注官三十九年丨諭曰編修陸費墀承辦四庫全書並簽要處繕錄之事一切綜覈稽查頗能實心勤勉且其學問亦優加恩以侍讀升用四十年擢侍讀學士尋升少詹事四十一年充文淵閣直閣事四十三年以纂辦各書均能出力丨賞緞匹荷包筆墨紙硯等物四十五年武英殿遺失四庫全書底本三十餘種經總裁吏部左侍郎王杰奏參丨上以墀專司提調前後數年事出一手丨命解任審訊嗣查明實因書卷浩繁收

發不清所致别無情弊得旨開復仍下部議處尋議降一級准
其抵銷九月上以歷代官制沿革不一有今古異名而職司無
異或古有其官今無其官古無其官今有其官命纂歷代職官
表一書墀偕內閣學士紀昀光祿寺卿陸錫熊翰林院編修孫士
毅等總其事四十七年七月擢內閣學士兼禮部侍郎銜十月以
四庫全書內語有悖謬未經改正下部議處尋議降一級留任四
十八年以母年九十奏懇給假回籍省視上允所請並賜墀
母御書扁額四十九年正月擢禮部右侍郎二月命充四庫
全書館副總裁官十一月充經筵講官五十年仍充文淵閣直閣事
五十一年轉左侍郎尋丁母憂五十二年正月以續繕三分書
內有悖妄不經之語墀在館時未經奏請銷燬下部嚴議部議革
職上改為補官日革職留任六月上以四庫全書譌謬甚多

命大學士九卿等覆加詳閱尋奏書中有違礙諸說未經删削
且有連篇累牘脫空無字者請將承辦各員懲處諭曰辦理四
庫全書係總纂紀昀陸錫熊總校陸費墀專司其事朕因該員等
纂輯訂正著有微勞不次超擢晉階卿貳乃所辦書籍如此荒謬
舛錯咎無可辭陸費墀本係武英殿提調復充總校所有四庫全
書伊一人實始終其事而其洊升侍郎受恩尤重較之紀昀陸錫
熊其咎亦更重見在續辦三分書應發文瀾文匯文宗三閣陳設
者所有面葉裝訂木匣刻字等項俱著陸費墀自出己資罰賠辦
理以示懲儆而服衆心仍交下部嚴議尋照部議革職五十五年
九月卒墀平生宏覽博物彝鼎圖書碑刻纖悉過目即能鑒
別所著有枝蔭閣詩集經典同文歷代月朔考歷代帝王廟
諡名諱譜

徐嗣曾傳

徐嗣曾浙江海甯人姓楊乾隆二十八年進士授戶部主事三十四年遷員外郎三十五年六月充陝西鄉試副考官十月遷郎中三十六年九月授陝甘學政三十八年七月奏甯夏一府文風日盛向立丁字號每科中額二名請照涼州聿字號例以一科歸入大號與通省比試一科仍立丁字取中二名數科後人文蔚起可與涼州一例統歸大號下部議行四十年二月擢肅道

諭曰前據戶部代奏郎中楊嗣曾呈請曾嗣徐姓為後曾降旨令薩載確查有無應繼宗支今據薩載覆奏查故監徐沂實為嫡嗣近支亦無產業等語楊嗣曾所請仍嗣徐姓之處尚有良心著准其改歸徐姓為後〔〕調糧儲道四十二年十一月調迤西道四十四年五月擢安徽按察使八月調雲南按察使四十七年升

[illegible]糧道飭軍需局乃建議不[illegible]
車里傳二十四世維屏無故擅離雖悔
罪不可襲職其弟士宛知畏法若仍
設宣慰司令士宛襲職俾十三板納
得所統馭則駐防官兵可裁歲省帑
金鉅萬以夷制夷誠久遠計議格不
行明年大學士阿桂至邊聞嗣曾議
善之乃請赦刁氏罪令士宛襲職駐
江内重建宣慰府于小猛養如嗣曾
議

福建布政使四十八年因雲南按察使任内辦理秋審失入部議降調奉旨加恩免其革職降三級註冊五十年擢福建巡撫五十一年二月偕督臣雅德奏前兩廣督臣富勒渾奏饒平縣界連閩省之黄岡地方盤獲妄布邪言之吳國一犯搜有刻印板片上刻南肇道人字樣該犯供稱閩省刻字林姓刻造奉旨此項不法字跡刻自閩省著傳諭雅德徐嗣曾嚴切查拏臣等隨查獲刻符像之正犯林文東等委員解送粤省歸案究辦諭曰所辦微欠周到此等妄造名號刊刻符像情罪可惡既據閩省拏獲訊究與粤省盤獲之吳國一犯供情符合即可在閩定擬何必輾轉解送雅德徐嗣曾身任地方大吏豈宜存此諉卸之見著傳旨申飭五月奏前奉旨各省民欠銀米有州縣自顧考成設法墊措等弊臣即就近省州縣分查覈對積年實徵冊籍並無積欠在民官

為埜解硃批為之以實持之以久可也五十二年二月奏侯官縣驛夫郭世民遞送奏摺遲延請發往伊犂上以徐嗣曾辦理錯誤失之輕縱交部處分部議革任得旨寬免時臺灣逆匪林爽文滋事調浙江兵赴閩於延平府吉溪塘地方淹斃兵丁王榮等徐嗣曾不能先事督察部議降一級留任五十三年正月臺灣改建城垣命徐嗣曾速赴臺灣悉心估勘嗣奏前赴臺灣軍營撫[illegible]恤難民籌估城工硃批好一切勉為之三月命同福康安李侍堯審辦柴大紀貪劣各款諭曰徐嗣曾身任巡撫臺灣營伍雖非所轄但伊在閩年久於柴大紀縱令兵丁私回內地貿易牟利及廢弛營伍不加訓練種種釀成變亂之處平日豈無聞見乃竟視同膜外緘默不言自有應得之罪咎並著明白回奏嗣奏臺灣地方官兵全無約束兵房亦塌毀無存並聞營弁缺出不秉

公考驗恣意受賄是柴大紀廢弛行伍貪婪營私已屬昭著報丨
聞又奏被難流民近漸安集統計全郡彰化最重臺灣嘉義鳳山
次之淡水為輕應分別覈實辦理見存米已無多祇可折給銀兩
查閩省從前折賑每石銀二兩今因糧貴請酌給三兩丨諭曰據
李侍堯奏各省協撥米石僅可敷閩省兵糧民食之用何以徐嗣
曾又稱臺灣存米無多辦理賑務又須折給銀兩殊不可解且福
康安奏見在雨暘時若可望豐收即照向例二兩折給足敷糴買
又何必遽議加增向來臺灣地方官吏侵漁成習福康安等不可
不嚴行查察四月丨諭曰臺灣逆匪滋事該處文武養癰貽患徐
嗣曾係該省巡撫咎實難辭著交部嚴加議處部議革任得丨旨
寬免六月同將軍福安康福州將軍魁倫奏熟番募補屯兵悉心
酌議章程一屯兵人數按番社酌挑就近防守一各屯番丁宜立

屯弁以資管轄一屯丁屯弁毋庸酌給月餉撥近山埔地以資養贍一清查已墾埔地以定界址一屯丁習用器械令自行製備報官點驗一屯丁徭役酌與優免以紓番力得旨允行又同福康安奏軍興以來撥解兵米因海洋風信靡常尚未運到計所存米石僅可為軍糧平糶之需不敷散賑又因米價未能平減請每石折給銀三兩未免過多嗣又因三月下旬以後連次得雨可望豐收仍請每石給銀二兩報聞又偕福康安奏清查臺灣積弊籌酌善後事宜一各營操演宜設法稽查以覈勤惰一水師兵丁宜按期出洋巡哨一嚴總兵巡查之例以肅營制一兵丁貿易離營等弊宜嚴行禁止一禁革旗牌伴當內丁管班四項兵目名色以杜包差之弊一換防各兵宜分交水陸提督互相點驗一海口城郭各礮位宜清查安設以資守禦一嚴禁搶奪械鬬并私造器械

旗幟以靖地方一清查臺灣户口搜拏逸犯以别奸良一賭博惡
習宜從嚴懲治一臺灣文武各官應責巡察大員隨時覈奏一臺
灣道員准令具摺奏事以專責成一請開八里分海口以便商民
一沿海大小港口私渡船隻宜嚴加申禁稽查一臺灣南北兩
路宜安設鋪遞修治道路船隻以肅郵政奏入得旨允行七月
奏臺灣府及嘉義縣擬築土城彰化鳳山淡水等處城圍仍用莿
竹栽插加濬深濠添設石卡俱遵旨辦理即日興工竣閏八
月奏逆匪犯大半係羅漢脚匪數流寓在臺灣見密咨内地查
其財産親屬毋稍疎縱又臺灣吏治廢弛不能早行覺察咎實難
辭請革職開缺諭曰徐嗣曾於屬員收受陋規不能及早覺察
又不自請處分是以降旨飭詢但於辦理善後事宜及查緝犯屬
等事尚能周到伊所請革職開缺之處著加恩寬免徐嗣曾益當

感激以期毋負朕矜全委任至意又諭曰前因臺灣賊匪劉捕完竣特令建立福康安海蘭察生祠俾民望而生惕徐嗣曾前赴臺灣幫辦善後一切亦為妥協著准其一體列入九月奏懲治臺地混徒拏獲糾衆殺命匪犯及設館殃民之蠹役挾嫌捏害之義民割用印冊冒徵補糧之征兵分別從嚴辦理諭曰臺灣為五方雜處之區民情刁悍從前地方官因循廢弛遇事姑息以致奸民無所忌憚釀成逆案今當賊匪甫經蕩平之後正應趁此兵威隨時嚴辦使匪徒斂迹盡絕根株徐嗣曾於拏獲棍徒凡犯該死罪者俱立置典刑所有陳光俟潘波二犯不復拘於成例分別謀故聚從立決其殃民之蠹役舞弊之征兵恃符玩法之義民俱分別嚴行辦理徐嗣曾前於柴大紀玩法營私不行奏參一案咎無可辭是以將伊革職從寬留任不謂該撫自抵臺灣後幫辦

善後諸務尚為妥協今於地方根徒盡役等復能力加整頓俾海
疆刁悍之風漸知悛革殊為不負任使徐嗣曾著交部議敘以示
朕賞功罰罪各不相掩至意部議加一級抵前降一級又諭曰
徐嗣曾於臺灣諸事亦俱辦有條理其軍需報銷等項即有未經
辦竣者亦可將稾案帶至內地次第覈銷無庸久駐該處著傳諭
該撫接奉此旨後即料理起程內渡管理巡撫十月奏先後拏獲
匪犯內柴大紀所奏正法及戮屍許懷等三十五名尚有原係柴
大紀誤拏經前任嘉義縣知縣陳良翼審屬良民據保釋放復揑
同誆報臣細加查詢實屬良民即於匪犯名單內扣除又拏獲莊
天畏黃天養二犯一係莊大田幼子一係為莊大田管種田畝即
日派員解京京諭曰柴大紀貽誤軍機又復挾詐欺罔拖陷無辜
著將柴大紀之子查明發往伊犂以示懲儆莊天畏係莊大田之

子黄天養係為莊大田管種田畝徐嗣曾督率各屬嚴密查拏實屬可嘉著交部從優議敘部議加一級抵前降一級尋奏拏獲海洋行劫客船盜犯陳喜等五名審明後恭請王命正法　諭曰所辦甚是閩省海洋盜劫頻聞且臺灣甫經懲創之後陳喜等尚敢藐法行劫一經拏獲自應迅速辦理若復拘泥請旨必致要犯有稽顯戮茲該撫於審明後即一面正法一面奏聞所辦甚為得當前因李侍堯痞疾甚重曾有諭令徐嗣曾即行內渡回省令該撫奏諭旨後再回至初二日拜發尚無起程日期計該撫奉諭旨後再回至省城已在福康安抵任之後臺灣地方關係緊要所有緝拏洋盜及拒捕餘匪查禁私硝等事必須有大員在彼督辦著傳諭徐嗣曾接奉此旨後若已內渡不必冒險轉回如尚未起程則當俟奎林到後將應辦一切事宜面為告知代接辦方可內

渡十一月奏臺灣總兵奎林已到臺灣恪遵聖訓將一切情形詳晰告知即由鹿耳門登舟内渡奉硃批汝此番甚為出力與福康安共事朕無南顧之憂矣五十四年正月諭曰徐嗣曾前赴臺灣整頓地方懲治奸匪俱能認真嚴辦盡心經理甚屬出力可嘉雖該撫於逆匪滋事及臺灣從前吏治廢弛之處失於覺察咎有難辭但究係前任督撫積玩所致非徐嗣曾一人之過著加恩賞戴花翎該撫惟當益加勤勉以副恩眷又諭曰徐嗣曾已降旨賞戴花翎見届新年錫慶之時著賞給大荷包一對小荷包一對用示優眷命圖像紫光閣御製贊曰宣撫之任守土安民一應軍務責成督臣佐之贊之竭慮摅勤渡海籌策亦可稱勳又諭曰徐嗣曾奏請陛見彼時因李侍堯患病内地應辦事宜關係緊要曾諭令速行内渡回任不必急於來京瞻覲此時福康安

業經到任閩省應辦事宜有福康安在彼料理著將撫篆交福康
安兼署即行來京陛見以便朕面詢一切徐嗣偕福康安奏臺灣
應徵錢糧等項分別蠲免得｜旨允行二月羅源營濂澳汛失去
小礮二尊及鳥槍腰刀等物｜命徐嗣曾提集案犯嚴審定擬時
安南阮光平復據黎城福康安馳赴粵西彈壓奏將督篆交徐嗣
曾署理報｜聞｜諭曰前因福康安已經抵閩是以降旨令徐嗣
曾將撫篆交福康安兼署即行來京陛見但福康安見調補兩廣
總督該處地方緊要徐嗣曾未便遽離閩省俟新任閩浙總督伍
拉納抵閩後將地方應辦事件熟商妥辦於秋冬間再行來京瞻
覲三月｜諭曰福康安奏閩省地方之事文武廢弛亟宜大加懲
創起行時已諄切告之徐嗣曾務須振刷精神加意整頓徐嗣曾
在閩省有年一切未能早為整頓朕今不加深責已屬格外施恩

若不再能實心辦理稍存疎懈致有仍前玩誤恐該撫不能當其咎也又諭曰閩省地方情形諸事廢弛總由富勒渾雅德在彼漫無查察所致徐嗣曾未能整頓咎亦難辭祇因歸罪於富勒渾雅德二人不復另加深究當如何感激愧懼振作精神力除積習以贖前愆將此再行嚴切傳諭知之四月奏查大黃一種產於陜西商民販來閩省例不准售與外洋惟琉球恭順已久未便一例禁絶須限以數目不得逾三五百斤以杜轉相販賣之弊奉諭旨是亦不可因噎而廢食又奏節次接奉諭旨閩省諸事廢弛須加意整頓臣跪讀之下悚慄戰汗乃蒙聖恩曲賜矜全頻遞獎勵至賞戴花翎尤為不易逢之異數臣惟有奉持聖訓不敢一念疎懈自墮冰淵奉硃批再不知勉可乎批伍拉納之語可同觀之又奏審訊濂澳汛守弁吳華等受賄包差先後失磩

移換捏報擬罪如律報—聞五月偕伍拉納奏清釐軍需款項又
奏晉江縣知縣蘇登來匿報竊案請革職—諭曰徐嗣曾本係該
省藩司升任巡撫一切未能整頓咎本難辭豈得靦顏竟置身局
外況該省遲延未結之案不下百餘此等事件即應附驛速奏何
以僅交揩差齎遞殊屬失之遲緩徐嗣曾著傳旨嚴行申飭七月
奏閩民俱係聚族而居請責成族正如有為匪不法等事族正不
行阻止舉首者分別治罪如果教約有方給以頂帶又附從行劫
並未殺人拒捕之盜犯聞拏自首即行劫次數較多亦准照擬斬
監候三年再行發遣之例免其一死—諭曰所奏斷不可行地方
官遇有緝拏兇匪等事不責成文員武弁認真查辦而轉令該處
族正舉發又給以頂帶則設地方官何用況所舉族正皆係紳衿
土豪若明假以事權必至倚仗聲勢武斷鄉曲甚而挾嫌誣首及

項兇抵命何不可為徐嗣曾此奏係為調劑地方起見非尋常照例事件自應與伍拉納彼此商酌會同奏聞何遽行單銜具奏伍拉納本係閩省之藩司曾為徐嗣曾屬員今伍拉納位居其上或有意存芥蒂並有輕視之處則大不是矣徐嗣曾著傳旨申飭閩省民俗剽悍盜劫頻聞正應嚴加懲治以儆奸頑從前降旨將情有可原擬斬減等之夥盜定為監候三年再行發遣已屬法外施仁若將行劫多次聞拏自首之犯亦照此例槩行免死則盜犯何以示儆徐嗣曾所奏二條俱屬錯謬斷不可行將此傳諭知之五十五年二月奏臺灣獅子等社生番頭目十二名均願赴京叩祝萬壽諭曰該生番等畏威懷德馴化歸誠聯名籲懇叩覲洵為好事徐嗣曾見已派令八月來京祝嘏即著該撫帶同各番目起身務於七月二十以內前赴熱河瞻覲六月奏臺灣生番進京

恭祝
萬壽臣遵
旨帶領即日起程報
聞十一月自京回任旋至山東臺莊地方病卒於舟次生平清介自持居官明勤愛民教士著有思益山房集

茹敦和傳

茹敦和浙江會稽人初婦翁李氏為子占籍廣東乾隆十九年成進士歸本宗原籍二十九年選直隸南樂縣知縣初下車謁文廟畢即諮詢士紳訪民間疾苦慎庶獄有訴者書片紙呼兩造至立剖曲直罪當笞薄責之民輒感愧自新擇鄉民清白謹愿者充社長里正朔望令畢集密陳其鄉利弊為籍以記次第施行之南樂地故卑下當瀦龍河之衝敦和尋河源委於開州清豐間審地形高下因勢利導水不為患以縣地多茅沙鹽城教以周禮土化之法廣植雜樹瘠田皆變沃壤邑人以麥稭編笠為生率荒本業敦和勸令種桑先於縣治後圃種秧春時分給四境勒碑記示民民獲其利三十四年調大名縣地濱漳河水患尤劇漳之南有梁河敦和謀開渠數百丈以殺其勢議甫定內遷大理寺左評事不

及上請履勘乃手書城門勸民興修剋期集河干親為指示形勢至期民具畚鍤來者以萬計鼓和為肇事董講論及旬渠遂成民至今賴之四十一年授湖北德安府同知署宜昌府事弛商船報驗之禁以便行旅緣事降調五十六年卒入祀直隸名宦祠所著有周易二閭記大衍守傳周易證鐵周易小義尚書雜説讀春秋劄記

子棻乾隆四十九年一甲一名進士官至兵部尚書有傳

戚朝桂　湖州德清人

戚朝桂字弁亭別字約齋晚自號學園先世自餘姚徙德清始遷祖諱卿紹興府學生七傳至瓶谷府君諱麟祥康熙己丑進士歷官至翰林院侍講學士有子五人稀言候選訓導彼言雍正庚戌進士福建連江知縣敬言浦江訓導皆黄恭人出繼室於俞生縣學生种言及府君府君始名序言也以女兄弟同次故行十七歲侍瓶谷府君歸自京師是遭母喪明年塔十五歲從兄連江縣廨讀書寄所業於塞外瓶谷府君題其端曰陸機二十作文賦汝史少年能綴文使老懷稍慰一二作臨溪竹枝詞九十九首和之傳誦一時乾隆元年君蒙恩釋歸府君補學生遭亂表順天副舉人尋考取八旗教習俸滿引見以知縣用挑發河南

付讀學士翰林院

丑年春二月到官甫四日大吏即委君延津賑災民米事事親覈胥吏無所欺婦孺無所漏署實豐數月又之永城開濬若干丈深於其舊初府君從兄晴川翁振鷺守歸德開大澗溝邑民利之至是易其名曰大戚溝小戚溝云補臨漳值歲大旱徒跣禱城隍之神即夕雨蝗起坎掩之旱不為災乙巳秋大霖雨漳水溢數丈及城壅土塞如口縣門皆不足禦乃亟發金具糗糧聯行木分督吏人若守官廨若守倉守庫若拯溺若食餓者又募夫出囚周行市廛相宜以濁水躬乘筏出城開下流溝渠十數遠至一二十里水乃復已又為粥以振踰冬及春至麥秋乃已餘杭朱先生輯為五言古詩紀其事當是時府君之子芸生患痘危甚不知人僕從於風雨中舁以門扇置城上府君不顧也已而痘竟愈及府君去而臨漳之民設府君為位祔於河神廟中以此王家莊楊某夜被殺介居

無鄰翼日坐堂訊他案百姓聚觀林立一人神色有異曳之前一
喝即吐實衆驚以為神或控鄰人挑其女女不從而自縊死也朝桂
詣驗時女腋下有條脫二亟之庫已而問鄰人則相從已久曰若
然汝亦有所贈於女乎對曰有條脫乃詰以某年月日某店製之
即日驗店簿悉合鄰人得末減或問朝桂何以知之曰女子之性
有金飾必耀於外今不在臂而在腋是以知之也有悍婦奴使其
夫又忤其姑也里長聞於官朝桂曰是當以家事治之使其夫
笞婦旁室服罪於其姑而釋之婦後竟悛過云巡撫胡寶瑔
知其賢能使攝武安旋調永城居一年以失察邪教鐫級
引見奉旨仍以知縣用時乾隆某年六月也甲申揀發湖北明年權應
山篆入境訪楊忠烈之後皆零落散處得一童子質可教請於巡
撫肄業漢陽書院尋入縣庠或於山澗中得木佛像龕而祝之祈

禱輒應一邑奔走恐後府君曰是所謂偶然題句作木居士者也
夜登山令從者壞其像淫祀遂絶題補廣濟地濱大江又多山氛
爲盜藪府君至一月獲盜二十餘案邑之匪人患鄉里者鄭大虎
鄭小虎等悉嚴治之明年元旦行香還百姓鼓樂四出懸扁於公
堂曰是真父母府君皇然謝曰是惟古卓魯可以當之吾何敢也
未幾忌者有以蜚語齮上官怒或勸謁府以自明府君曰窮達命
也王牓熱官思之孰矣遂罷歸卧江東下舟中口占曰樓船高與
乎山齊眺灘邊化作泥千里片帆輕似葉飄然歸去浙江西

课

錢載傳

錢載字坤一號蘀石明侍御公嘉徵之後世居鹽官〇始籍秀水幼英異與儕輩殊嗜好數歲時伯母鍾孺人指回谿草堂額示之曰此博學鴻詞朱翰林錫鬯書也孺子他日能及此乎則俛首就教稍長慨俗學蔽蒙不屑以兎園冊取功名乃研覃經史發皇忠孝蘄至乎古之立言者〇嘗受業於錢塘桑先生調元與同里張庚萬光泰王又曾汪孟鋗仲鈖祝維誥諸名宿相切劘從祖文端公深器之屬謀其子少司寇汝誠司寇於公從父也而執弟子禮雍正十年壬子中乙科乙卯總督所〇程〇元章保舉詞科乾隆元年丙辰試保和殿名動公卿閒入謂公丱角時所受教於鍾孺人者果如所期也辛酉至丁卯兩居憂貧甚復走京師館蔣〇溥邸第〇己禮部侍郎介〇

福户部侍郎嵇公璜以經術薦補教習壬申領順天鄉薦成進士丨廷對二甲第一名改庶常授編修假歸葬親仍赴京師供職尋充功臣館纂修官日講官起居注續文獻通考纂修官補右春坊右中允累官侍講右庶子侍讀學士晉詹事府丨紫光閣授閣學禮部侍郎丨上書房行走教習庶吉士充丨四庫全書總閱轉左侍郎出典廣西江南鄉試充江西正考官會試同考官丨武英殿讀卷官者再充武會試正考官提督山東學政知禮部貢舉者一又奉丨使祭告秦蜀山川歷代陵寢均能恪共其事中外如一當丨上書房行走數丨召見便殿錫賚有加視學山左則齊魯秀傑皆出其門教習庶吉士值其子文公世錫舉戊戌進士改庶吉士於時同教習英文肅公廉語世錫曰子入翰林而丨上命其父教其子以儲將來之用丨主恩殊渥矣抑瓌頊文章世濟厥美跂

予望之泊○祭告秦蜀畢事還朝數被—顧問及家事乃奏曰臣父母在時家極貧衣食麤糲今臣父母見背臣妻子無凍餒足矣不顧有餘也[illegible]隨—駕避暑山莊[illegible]以年老—恩予原品休致[illegible]爲人樸誠竭忠貴而能下貧而愈樂文學侍從之選三十餘年受—主知最深顧以晚達每恨不逮祿養其親見諸篇詠慨焉傷懷歸田後壽躋大耋[illegible]正之操淹通之學信於鄉黨聞於　朝寧子孫讀書爲善其言曰讀書而爲善可也讀書而不爲善不可也爲善而讀書可也爲善而不讀書不可也葺廬先人墓側眷戀徘徊時與老農圃相款曲卒以半歲於此避喧著書置義田贍同父兄弟以下子姪輩又時進其族從子弟於丙舍亦各勉以讀書爲善而已於平昔師友存亡風義至篤每裒輯其詩文以傳工畫蘭石神韻在筆墨畦町外所刊籜石齋詩集四十九卷

未梓者文集別集補集共若干卷子世錫

錢世錫字慈伯侍郎載子方數歲冬夜温經母張夫人蒸飯以待熟侑飯物謂世錫曰白飯如棗花香無用魚肉也世錫欣然食已仍雒書坐破甑一燈如豆滿樓讀書聲及冠蹕厲風發文壓儕輩而蓮不偶凡試乃得舉又十年成進士改庶常授檢討丁母憂補官尋以父致仕家居乞養十年父殁踰年世錫亦殁世錫性真摯父官貧常館於外以佐養遍歷燕趙齊魯雲朔得山川之助其詩豁達清快無一字剽竊而神理似東坡與蘀石齋集性情同而面目異也游京師雖未第名噪公卿間既館選值父教習庶吉士英文肅公廉語之曰汝入翰林而上命汝父教其子環顯文章世濟厥美惟汝勉之世錫終養後閒業者屨常滿因材誘掖必盡其快著有錢檢討集及雜著若干卷

汪如洋傳

高宗純皇帝御極之四十五年歲在庚子　臨軒策士時　賜如

弟第一名二名三名皆鴻才博學負天下清望而先生以會試第

一膺　殿試第一授職修撰年甫二十六長身玉色眸子顧盼炯

然朝宁偉之四十八年充三通館纂修官本衙門撰文是年冬奉

旨入直上書房五十一年典山東試是年冬督雲南學政使還

仍入直五十六年以本生母憂去官五十七年冬服闋仍入直五

十九年八月十五日以疾終凡通籍十有五年得年四十　國

姓汪氏名如洋字潤民號雲壑浙江秀水縣人九世居休甯

初遷桐鄉曾祖繼爆吏科給事中祖上墉雲南大理府知府父仲

鈖舉人　贈奉直大夫母許氏　封太宜人本生父孟鋗進士吏

部文選司主事　誥授奉直大夫以先生兄如藻官晉　贈朝議

大夫本生母祝氏　贈宜人晉恭人金氏　封宜人晉太恭人
氏自先生以上五世文望輝赫祿位踵於　朝先生蚤慧博覽典
籍雄於文豪於詩試輒冠軍每一篇出四相傳鈔數千里無
數十年諷詠者恒不能及其冠倫魁侍禁近文詩益鴻麗名
益譟天下士識其面者以爲幸性沈厚喜怒不形於色外和易內
方介守潔用斂設措部分才常什伯人其視學滇也滇士志學而
苦無師先生行教家塾子弟法每試一題則操觚成一藝試畢示
諸生即召諸生環案前爲評騭點竄言語姁姁使充然各有所得
於是滇之文上旁及詩賦皆雕繪可誦值己酉選拔得人
稱極盛時功令當以五經並試先生以士專經久遽使兼習或未
能驟通奏請每科以一經輪試輪畢然後並試得旨俞允先是
大理惠愛在民歿有廟祀屢著靈異先生按試大理拜謁於廟

郡人以為明德之後必有達者天道之可信如是相與焚香擎跽以送先生自使滇還一朝一帝心益眷顧屢奬渥賜俱稠疊而先生涯養淬厲鞠躬匪懈知與不知咸以公輔之望歸之孰意年甫至疆仕官未轉一階抱其瑰瑋奄即長夜有識者皆歎生才之不易而才不竟其用為尤可惜也先生同及第第二人為江丈德量其三名即先大夫先生視滇學士書房缺出先大夫實充焉又先後同直廬出肺腑論契好毎當春秋佳日唫和談讌脩然意遠其視權要熏灼之門若水火之不可蹈憶恩澤總角時先生一日偕江丈集先大夫廬恩澤出拜謁因得識先生風範迄今思之座次言次悉在眼亡何江丈先歿次年先生歿次年先大夫歿嗚呼其舉也連茹其歿也踵相接知先世結締非偶然而恩澤以十齡孤露之身忽忽三十餘年追銘大君子之墓柳何幸也又何哀也夫

人陸氏 封宜人側晉太宜人清德世宦篤生賢淑逮事二姑皆
得歡心先生早世而家以不墜教其子成名繼志以揚以顯皆太
宜人力後先生三十六年丙辛享年七十有七子三世植邑庠生
世栴附貢生雄縣知縣世樽進士官編修提督湖南學政女三長
壻江西贛南道加按察使銜潘恭常次壻直隸香河縣主簿嘗嗣
許次壻邑庠生熊鍾祺孫三葆煜葆烜葆光女孫六先生著述甚
夥多散逸惟葆沖書屋詩集若干卷手自編也詩奄有唐宋諸大
家風卓焉可傳以道光九年十二月吉日合葬於嘉興縣六萬金
港之原銘曰
豈其才嗇其德則不竟其庸也先生則檃栝於德中純鈎之銛而
未襮其鋒宜壽且崇而位未躋乎列卿書未滿乎名山尤可恫也
宜後之人接武而隆隆也

汪如洋

汪如洋字潤民孟鋗子爲仲鈖後乾隆庚子會試廷試皆第一授修撰入直上書房典山東試視雲南學政年四十卒如洋少侍所後母不獲親孟鋗教而能自勵學詩文雄駿無前通籍後學益振進益沖然不自矜在滇弊絶風清文無不經目者諸生或曳敝裾袖文以揖必爲之口講手批反覆闡導不倦滇人士謂父師之教子弟弗及也著有葆沖書屋詩詞集

子弟弟及也著有蔭沖書屋詩詞集
袖文以謁公爲之口講手批夜燭幽燈不倦凡入士富又師之教
近益沖淡不自矜在南樂疏風清文無不經目者謂生平只專殷福
後中不獲親丘諸籍而能自勵學詩文祥緻無前通籍後學益專
特擢入直上書房與山泉試相葉謝學政年四十年如洋少時所
注如洋字齋民孟縉子嘉仲翁孫乾隆庚子會試廷試賜第一授
注如洋

汪孟鋗

汪孟鋗字康古弟仲鈖字豐玉家故饒至孟鋗時漸落又兄弟不事生產遂貧而先世裘杼樓萬卷之藏書故在孟鋗兄弟蒐討其間銳意攻詩詞又與錢侍郎載王刑部又曾萬孝廉光泰及祝舍人維誥陳明經向中朱孝廉麟應陳明經經業往復講唱争相淬磨極一時應求之盛乾隆庚午孟鋗兄弟舉於鄉癸酉仲鈖卒年未壯孟鋗於壬午南巡召試授中書丙戌進士仍官中書轉典籍擢吏部主事嘗預脩御批通鑑輯略充方略館一統志館纂脩所著古文辭及經術金石雜錄稿甚夥已刻者有厚石齋詩集仲鈖有桐石齋詩集而孟鋗詩尤精簡刊落枝葉卒年五十子如藻如洋自有傳

詳自有傳
有桐石齋詩集而孟鋗詩尤精嚴刊落枝葉卒年五十子如藻如
著古文辭及經術金石雜錄藁甚夥已刻者有厚石齋詩集仲鈖
纂兵部主事富清撫抗通鑑輯略充方略館一統志館纂修所
未并孟鋗於壬午南巡召試授中書丙戌進士仍官中書典籍
遷極一時應求之盛乾隆庚午孟鋗兄弟舉於鄉癸酉仲鈖辛年
入雍講陳明經的中朱笥河廉講陳明經經業往復講習者相選
閒餘意以詩詞文與錢梓郎敷王制府大昌萬孝廉之存厲杭含
事朱庭遠賀而先世家楮樓萬卷之藏書歐在孟鋗兄弟遍討其
汪孟鋗字康古弟仲鈖字豐玉客歐錢主孟鋗粹衡著大兄弟本

汪孟鋗

盧文弨傳

盧文弨字紹弓號抱經其先自餘姚遷杭州曾祖父承芳明末建
平令有治績祖父之翰有春柳堂詩父存心恩貢生一召試博學
鴻詞有白雲詩文集母馮景女文弨生而穎異濡染庭訓又漸涵於
外王父之緒論長則桑調元壻而師之馮桑皆浙中物望學士故
其學具有原本乾隆壬申舉順天鄉試壬申成考授內閣中書
以一甲第三人成進士授翰林院編修[illegible]命上書房行走由左
春坊左中允洊升翰林院侍讀學士[illegible]充廣東正典試旋提督湖
南學政[illegible]以學政言事不當例議左遷明年以繼母張年高家
請歸養時年五十有四[illegible]好校書終身未嘗廢在中書[illegible]在尚
書房與歸田後主講四方書院凡二十餘年雖耄學無怠早昧
爽而起繙閱點勘朱墨並作[illegible]闤闠無異茗盌處日且暝甫出

户散步庭中俄而篝燈如故至夜半而後卽安祁寒酷暑不稍閒官俸脯修所入不治生產僅以購書聞有善本必借鈔之聞有善說必謹錄一策之間分別迻寫諸本之乖異字細而必工今抱經堂藏書數萬卷皆是也校讎之事自漢劉向揚雄後至國朝絕盛以家居無補於右文之治出所定經典釋文孟子音義逸周書賈誼新書春秋繁露方言白虎通荀卿子呂氏春秋韓詩外傳獨斷諸善本鋟版行世又苦鏤板難多則合經史子集三十八種如經典釋文例摘字而注之名曰羣書拾補以行世所自著書有抱經堂集三十四卷儀禮注疏詳校十七卷鍾山札記四卷龍城札記三卷廣雅釋天已下注二卷皆使學者諟正積非蓄疑渙釋向時棄官歸天下咸惜之然孳孳歲月衣被將來昌黎子云雖爲將相於一時以彼易此孰得孰失必有能辨之者以治經有不可磨之

論其言曰唐人之為義疏也本單行不與經注合單行經注唐以後尚多善本自宋後附疏於經注而所附之經注非必孔賈諸人所據之本也則兩相齟齬矣南宋後又附經典釋文於注疏閒而陸氏所據之經注又非孔賈諸人所據也則齟齬更多矣淺人必比而同之則彼此互改多失其真有改之不盡以滋其齟齬者故注疏釋文合刻似便而非古法也其讀書特識類如此平生事親孝謹年七十三喪繼母猶盡禮與弟紹音友愛篤於師友之誼皆鄉邦所共信者子四人慶貽武謀慶鍾慶錄

乾隆六十年乙卯卒年七十有九前後在中書十年在翰林十有一年歷主鍾山崇文龍城婁東暨陽晉陽諸講席著籍弟子……

辛亥年重游泮宮

盧存心

紹升年十八中禮部試出餘姚盧先生紹弓之門於是紹升方專攻科舉文而先生獨賞其五策以爲是可與道古者其後紹升治古文因以探古人所以爲文之本慨然欲求師友於天下聞桑先生弢甫講學濟南通書晉謁桑先生出所爲講義肫肫然以聞道相勗勉紹升退而益自奮盧先生爲桑先生館甥紹升既從盧先生游因得習聞兩家風義之古先生父盧太公與桑先生交最善妻馮太宜人生盧先生五歲得瘵疾自知不久太宜人雅重桑先生時方議昏姻而未決也聞其來關中門須之入再拜而請曰願以此兒子爲託亡何太宜人卒桑先生感其意進盧先生於門授之學遂以女歸焉已而盧先生登高第入翰林以文章名節重於時蓋太公之教則然亦桑先生有以成之也太公之卒也與馮太宜

人合窆於杭州北郭外道古橋先塋之次在乾隆二十四年四月乙丑具後三十年繼室張太宜人亦卒將以五十四年正月丙辰戌啟壙而祔焉盧先生以志石之文未具遺書紹升命敘而銘之太公諱存心字敬甫其先為范陽盧氏隨宋南渡慶元中敕封盧氏為六府其一姚江宣尹府者太公所自出也五世祖臺始遷杭州仁和之東里臺生大繼大繼生元和元和生承芳明季署知建平縣承芳生之翰娶楊宜人生太公太公少穎敏讀書數行俱下家有書數麓桑先生每來就太公談至夕挾兩冊去讀之太公亦夕讀兩冊明夕又更互讀之旦相見各舉所得相考證如數指上紋如道家常纖悉事輒相與拊掌稱快因名其居曰三益堂已而兩人同補諸生皆第一太公為文下筆輒數千言為詩輒累百韻桑先生亦然有倡必繼繼必務出奇以相勝桑先生語太公曰吾兩人

生相得死當相鄰他日峙雙冢於湖山之畔一題曰太清丈人盧君之墓一題曰大清詩人桑君之墓不亦快乎桑先生素以詩自雄尤以文推太公故具稱如此已而桑先生自悔其所爲一以影行爲先務太公嘗應博學鴻詞徵弗售晚日益韜晦粥粥若無能者所爲文應手散去嗚呼太公之所規則遠矣其爲桑先生友也豈偶然哉太公爲人篤於倫理修長者行窮交子弟多所推助故人吳紱庭卧病數徒步往候之爲處分後事日往返十餘里遂得疾三日而病亟促移居正寢而逝時乾隆二十三年十二月既望年六十有九以錢唐學庠生歲滿貢太學封儒林郎内閣中書舍人晉贈奉直大夫翰林院侍讀馮太宜人者日影以古文名康熙中世所稱山公先生者也太宜人歸太公六年卒年二十四生子文弨即盧先生官至翰林院侍讀學士提督湖南學政張太宜人生子文

部餘姚縣學生女一適杭州府學生王士銘兩太宜人俱篤修婦
道焉既早世張均愛兩子督使勤學持門户者數十年精心計通
醫卜卒年八十九孫九人孫女七人

謝墉傳 字崑城號金圃又號東墅

謝墉浙江嘉善人乾隆十六年 聖駕南巡墉由優貢生 召試
第一 賜舉人授內閣中書十七年會試中式進士改庶吉士十
九年散館授職編修二十二年因撰擬原任閩浙總督喀爾吉善
碑文措詞失當奉 旨交部嚴加議處部議降二級調用二十四
年九月 諭曰原任編修謝墉前因撰文譌錯部議降調見未得
缺念其事非大咎時歷二年著加恩准其開復十二月 命在上
書房行走二十六年充會試同考官二十八年充日講起居注官
二十九年十二月遷侍講三十年四月擢右春坊右庶子充福建
鄉試正考官十一月遷翰林院侍讀學士三十二年十月遷內閣
學士十一月丁父憂三十五年二月服闋赴補閏五月補原官仍
在上書房行走三十六年十月 命教習庶吉士三十七年四月

充殿試讀卷官三十八年五月授工部侍郎八月轉左侍郎十二
月充經筵講官三十九年授江蘇學政四十二年二月奏廩生有
恃符滋事經地方官詳請戒飭被責者遇出貢之年應扣除另選
陪貢考充下部議行十月任滿回京四十三年正月調禮部左侍
郎三月以隨同尚書永貴指名保題主事李漱芳議革職旨諭從
寬留任是月充會試知貢舉奏填榜放榜應飭原派之副都統同
入聚奎堂彈壓得旨嘉允四十四年充四庫全書館總閱是年
充江南鄉試正考官四十五年三月會試充知貢舉奏本科房官
劉紹錦丁父憂禮部移會到臣惟時試卷未謄送即知會內簾出
闈因思考官有應行守制之事若文到至公堂在送卷之先原不
妨知會內簾若已經閱卷仍令出闈難保無漏洩情弊應請嗣後
凡在十五日以後者文到禮部暫行押住如屆十三四等日禮部

文到時以己未進卷為率酌定移知內簾與否下部議行是月調
吏部右侍郎四月恩詔開復處分旋充國史館副總裁五月充
殿試讀卷官十一月署廣西全州知州彭曰龍因縱令革役復充
糧職赴部呈請捐復議與大學士阿桂不合因見議不准捐復
之山東商河縣教諭侯華案對較時侯華案未呈堂阿桂疑有請
託經奏聞飭軍機大臣傳集查詢謝墉並細覈兩案情節其
不准彭曰龍捐復一節尚屬平允復傳訊華侯案堅供並無囑託
但謝墉身係堂官於侯華案不能避嫌彭曰龍案既有所見商諸
各堂不允何妨兩議具奏乃始而爭執論辯繼復依違畫諾請交
都察院議處尋議降調諭從寬改為革職留任四十六年充會
試正總裁復充殿試讀卷官四十七年轉吏部左侍郎四十八年
充江南鄉試正考官旋授江蘇學政四十九年上南巡賜詩

日江浙均為文物鄉飛鴻博此任難當雖然尚藻豈其體必也窮
經以是囊雅正清真茲已解抹澤勦襲亦應防士風淳則民風順
敦化寧云虛飾庠五十年四月奏提督藍元枚咨營屬武生陳南
圖滋事誤操汰革名糧交學收管查武生在營滋事若准咨回本
學是營伍去一惰兵學校增一武劣殊非整飭膠庠之道且恐在
營効力之武生等罔知警畏於營伍亦有關係臣即飭學將該武
生斥革請嗣後在營武生遇有過犯准營員徑行按律辦理一面
咨學臣斥革 硃批此奏是下部議行五十一年十一月任滿旋
京 召詢賑濟及湖河水勢情形 命據實條奏以聞尋奏偏災
賑濟請除錢米統用銀兩其銀由藩司印封領發州縣按户散給
銀在五十萬以上請派近信大臣一員前往查察又湖河水勢全
賴以清敵黄訪聞向來洪澤湖蓄水刷沙足資抵禦近年黄水過

强湖身日漸淤高有昔如釜今如盤之説請酌加疏濬　諭曰據謝墉奏賑濟暨水勢情形一摺朕詳加披閲内有礙難施行者如所稱賑濟除去錢米統用銀兩按照户口定為一次給發等語自古救荒本無善策惟平時於常社倉詳悉講求務期積貯充盈以備歉收賑卹之用蓋荒歲收成失望米價自必昂貴小民嗷嗷待哺非散給米穀不足以充飢腹朕軫念窮黎每遇各省奏報偏災不惜千百萬帑金加恩賑卹仍恐各該省倉貯不敷給賑屢經降旨截留漕糧並諭各該督撫於鄰近豐收省分設法採買糧石運往災區源源接濟所以籌畫民食者無微不至而銀米兼放原屬不得已之計如謝墉所言除去錢米統用銀兩則小民計口給銀所得無幾勢必不能於穀貴之時市易升斗以資養贍且災歉之區米難購運是名為賑饑而於小民生計轉無裨益又所稱

賑銀在五十萬兩以上者請派近信大臣一員前往查察等語地方辦理賑務原難保不肖官吏侵漁中飽惟在督撫司道督飭所屬層層周密稽查自不致滋生弊端若再簡派大臣前往該督撫皆不可信矣如果派往之人公正實心於事不為無益而一省州縣鄉村亦必不能分身周歷設其人於外省情形不能熟悉徒生枝節轉致掣肘紛更甚或扶同瞻狥一味模棱地方官徒增酬應之煩而於賑務究不能查出弊竇是簡派大臣仍屬有名無實此皆揆之事理斷難准行其餘所言或有可採仍著大學士九卿詳議具奏五十二年三月丨諭曰據謝墉條奏洪澤湖淤墊日高前之如釜者今已如盤請加疏濬一摺經大學士九卿議駮在案茲李世傑等奏洪澤湖水下注清口暢出因將原摺交與謝墉閱看據稱本末語悉河工前年在江蘇接見汪兆棠言及洪澤湖日漸

淤高是以據傳說之言具奏本年汪兆棠陛見來京復與講論仍如前說等語前年湖水甚少清口不能暢出朕屢訓諭籌畫以期濟運禦黃仍即以盈虛消息事理之常慮及必有盛漲之時亦須行諭飭該督等加意防範上年湖水大漲果不出朕之所料是上年清水短少實是意中所知謝墉既未親至其地目擊情形何以率行入告見在洪澤湖水勢日長清口暢出已非如盤之明驗謝墉復稱得之汪兆棠所言而本年汪兆棠來京陛見經朕面詢該處情形亦奏稱清水暢順並未有淤墊如盤之說謝墉身為卿貳汪兆棠究係司員體制所關自不值令其來京面為質對但謝墉既有此說不可不詳加覈辨著該侍郎自行前往洪澤湖會同李世傑等周圍履勘測量湖中淺深實在有無淤墊秉公據實呈奏墉往勘知所奏錯誤同督臣李世傑等會摺覆奏自請議處一諭

曰據謝墉李世傑等奏會勘洪澤湖水勢深至八九丈及十丈不等淺者亦在一二丈之間實無淤墊謝墉前此未經身履其地乃以傳聞不實之言率行陳奏懇交都察院議處等語洪澤湖水前年因上游河南安徽等省雨澤稀少淮流未能暢發以致湖中存水較少當經諭令畢沅前往桐柏山疏濬淮源虔誠祈禱上年朕即以盈虛消息事理之常淮水必盛漲發令該督加意預防自去年以來湖水充裕自由河神默佑來源旺盛得資濟運謝墉所奏乃係前年水短情形且治河如聚訟原無定論該侍郎得自傳聞據以入告尚非無因茲既勘明水勢深通並無淤墊所有自請議處之處著加恩寬免五十三年七月　諭曰本年三四月間據阿桂奏外間傳有謝墉抽身便討吳玉綸倒口即吞之語朕即以阿桂若僅奏謝墉聲譽不好伊二人前在吏部時原有齟齬而吳玉

綸則並無芥蒂其言似非無據學政為掄才所關既聞有舞弊營
私情事安得置之不辦隨降旨令李侍堯閔鶚元各將謝墉吳玉
綸在任聲名究竟如何之處就近訪查據實具奏旋據閔鶚元奏
謝墉初任江蘇學政聲名實屬平常其復任時尚知悔過頗為謹
飭而李侍堯則稱吳玉綸在學政任內聲名狼籍至今閩省士子
猶懷怨恨上年因吳玉綸條奏科場該省之人無不傳為笑柄以
吳玉綸即係作弊之人如何亦說防弊但事隔年久實無憑據等
語適吳玉綸在熱河扈從隨即面加詢問據稱因伊曾條奏西監
應行補捐一事是以為眾所怨昨謝墉帶領引見來至熱河亦面
加詢問據奏伊因考試過嚴未免取怨於人及詰問以因何有抽
身倒口之語伊二人則皆奏係寄園寄所寄小說所載陳言想係
怨之者因而附會等語辦理科場本當嚴密如果恪遵成法自矢

潔清士心正當翕服即有或被遺之人為之散播謠言亦何至憎茲多口至吳玉綸條奏捐監係四十六年之事而其簡放福建學政已在四十八年以後相隔甚久尤為兩不相涉若云出自寄園寄所寄則古今書籍所載陳言甚多何以不取而附會他人獨於謝墉吳玉綸二人曲加附會不謀而合但此事既經閔鶚元李侍堯就近查奏並非無因即將伊二人革職交刑部審訊治罪亦不為過姑念何桂所奏究係傳聞而李侍堯等亦皆因事隔年久查無確據朕從來不為已甚何必遽興大獄但伊二人俱係大員朕特簡學政乃聲名如此平常朕甚愧焉謝墉吳玉綸何以復腆顏貳之任均著降為內閣學士其職不過專司批本並無應辦緊要之件伊二人學問尚可是以特予從寬降補此皆朕格外矜全伊二人務當痛自愧悔勉為湔濯如再不知悛改必加倍重治其罪

五十四年京察｜上以謝墉聲名平常交部議處部議革職奉
旨謝墉學問較優在上書房行走多年革職從寬留任三月上書
房行走曠班｜諭曰謝墉在學政任內聲名平常本係獲罪之人
前京察議處時吏部議以革職念其學問尚優是以從寬留任仍
令在上書房行走伊更當知過感奮乃仍復偷安七日不到吏屬
有乖責守著降為編修不必復在上書房行走著在武英殿修書
處効力贖罪五十六年｜命仍直上書房六十年正月得｜旨謝
墉年力就衰著以原品休致四月卒年七十七墉自幼穎異
自言論無所瞻狥致以浮言被議降黜嘉慶五年上以
师傳舊臣追贈三品京堂銜

范西屏傳

有清棊國手曰范西屏浙海寧人父某以好弈破其家弈卒不工西屏生三歲見父與人弈輒啞啞然指畫之十六歲以第一手名天下當雍正乾隆間天下昇平士大夫公餘爭具采幣致勍敵角西屏以為笑娛海內惟施定庵一人並相亞也然施斂眉沈思或日昳未下一子而西屏嬉遊歌呼應畢則貽書嘗見其相對時西屏全局僵矣隅坐者群測之靡以救也俄而爭一劫則七十二道髀勢皆靈嗚呼西屏之於弈可謂聖矣為人介樸弈以外雖詼以千金不發一語遇窶人子顯而不換色有所蓄半以施戚里于不嗜弈而嗜西屏者不解所以後嬖精器者盧玩之精竹器者李竹友皆醇粹如西屏然後嘆藝果成皆可以見道而今之日終身在道中令人見之怫然不樂尊文儒反不如執技

者抑又何也西屏贅於江寧無子[illegible]某[illegible]有弈蕉集著有桃花泉弈譜傳世

今日其才藝已入播若
寶若珠璧

黃易傳

黃易字小松號秋盦錢唐人杭州監生樹穀子官山東運河同知

精篆隸工詩詞小松世其家學嗜金石與松石官濟寧時嘉祥金

魚臺閒漢碑悉搜而出之而武氏祠堂畫像尤多所見漢石經

及范式三公山諸碑皆雙鉤以行於世工畫又工填詞當代名流

多通縞紵小蓬萊閣者其七世祖貞父先生讀書之所在西湖

峯下今燬　与李鐵橋先得碑後又訪得原石一時稱快家

祥紫雲山武祠石室畫像歐趙以來著錄僅存二十餘石後乃

致嶽石區毀易竭力蒐討共得二十餘石築室排列立石記之

適往揚江氏所藏舊拓武梁祠像冊歸易所有嗜金石者爭臨

其區凡嘉祥金鄉魚臺閒漢碑悉搜而出之就所得漢魏諸碑

及漢石經等自鉤摹附以題跋開雕成帙是為小蓬萊閣金石

錢塘工詞畫宗
得永壽
熹平
殘刻范
巨卿碑
早佚易

文字又著有小蓮華閣詩小蓮華閣者其七世祖貞文讀書
之所在西湖雷峰下經兵燹而後存易持極羣書元之本之與
錢大昕孫星衍翁方綱析衷尤多王昶云易所著為兩浙林訪
碑錄惜無刊本

此書當是西湖者戲付思鈔本考中手定時出海失
其輯費手亦有用之書也惜編於未竟所鈔亦未能出處
是一病也估人更以金壽泉所收之以為翻檢之需

乙未九月十日夜窗燈下記　小燕

此適園張氏所藏稿本兩浙詩錄拾人行付鈔共十二冊
鄒寄估人攜以見示未能價殺先以此冊見售姑留
之亦有用之物也　乙未九月十五日　晨窗記　芝蒼